全网营销

用户在哪里，营销就该出现在那里

燕鹏飞◎著

WHOLE

NETWORK

MARKETING

SPM 南方出版传媒·广东人民出版社

·广州·

图书在版编目（CIP）数据

全网营销 / 燕鹏飞著 . — 广州：广东人民出版社，
2018.1
ISBN 978-7-218-12171-0

Ⅰ．①全…　Ⅱ．①燕…　Ⅲ．①网络营销　Ⅳ．
① F713.365.2

中国版本图书馆 CIP 数据核字（2017）第 260940 号

Quanwang Yingxiao
全网营销

燕鹏飞　著

出 版 人：肖风华

责任编辑：马妮璐
责任技编：周　杰　易志华
装帧设计：刘红刚

出版发行：广东人民出版社
地　　址：广州市大沙头四马路 10 号（邮政编码：510102）
电　　话：（020）83798714（总编室）
传　　真：（020）83780199
网　　址：http://www.gdpph.com
印　　刷：三河市书文印刷有限公司
开　　本：787mm×1092mm　1/16
印　　张：16　字　数：205 千
版　　次：2018 年 1 月第 1 版　2018 年 1 月第 1 次印刷
定　　价：42.00 元

如发现印装质量问题，影响阅读，请与出版社（020－83795749）联系调换。
售书热线：（020）83795240

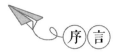

营销是一个常讲常新的话题，特别是随着互联网的发展和电商的兴起，中小企业的传统营销模式在电商面前几乎毫无招架之力，实体店倒闭、关店的风潮不断。如何在电商的强势竞争之下寻求一条生路，是广大中小企业和实体店面临的问题。

很多企业都想搭上互联网这趟时代列车，期望与互联网的结合能帮助自己在激烈的竞争中杀出一条血路。然而，随着移动互联网的发展和营销模式的不断变化，单一的营销模式已经不适应企业营销活动的发展。2016年，马云更是提出了新零售的概念，即把线上服务、线下体验与现代物流进行深度融合，诞生出的零售新模式。

新零售的诞生必将产生新的营销模式，这种新的营销模式就是全网营销。全网营销即全网整合营销，就是从产品研发、生产到网络销售等环节把一系列电子商务内容集合在一起的新型营销模式，也是集传统营销网络、PC互联网、移动互联网为一体的营销模式。全网营销把所有营销资源进行整合，形成庞大的网络营销体系，可以说是一场新的营销革命。

全网营销不限于单一的营销方式，它是将多种营销方式进行组合，以达到最佳的营销效果。全网营销有利于品牌和产品知名度的提升，有利于解决线下销售瓶颈、提升整体销量，完善整个网络运营体系。

本书对全网营销进行全面论述，以便为企业提供借鉴和启迪。本书的内容分为两部分：一是对全网营销的未来发展趋势进行了论述，二是对全网营销的形式进行了论述。第一部分对全网营销的概念、现状及未来趋势、改变营销思维模式进行了具体阐述。第二部分对全网营销时代的各种营销方式如微信营销、直播营销、视频营销、搜索营销、内容营销、事件营销、关系营销等，结合真实的案例，进行了深入论述。

营销无孔不入，每一次新事物的出现都能造就一种新的营销模式，就像微信的出现造就了微信营销、直播的出现造就了直播营销等。对企业来说，每一次营销新模式的出现都能给一些企业带来机会。然而，新的营销模式往往在诞生之初效果明显，随着市场经济的发展变化和人们新鲜感的减退，营销的效果逐渐大不如前，且成本高昂。全网营销能够把所有营销模式整合起来，打出一套"组合拳"，从而使营销效果最大化。

本书紧扣全网营销的概念，从实战角度出发，系统总结了各种网络营销的手段、技巧和策略，并结合大量的翔实案例进行说明，为企业进行全网营销提供了策略和实践指导。

第二部分　全网营销的方式

第一部分

全网营销——未来营销的发展趋势

继传统营销、网络营销之后，全网营销的时代正在来临，营销领域正在悄然发生一场新革命。然而，大多数人对全网营销这个词还是比较陌生，认为全网营销与网络营销没什么区别。其实，全网营销实现的是将所有网站的后台打通，将各种PC互联网的营销方式、移动互联网的营销方式与新媒体营销方式整合在一起，形成一个新型的网络营销体系。全网营销是对整个营销行业的创新和突破，其强大的网络覆盖功能和便捷的营销操作模式是未来营销发展的趋势。

第一章 全网营销的本质——
让企业和用户建立深度关系

　　简单来说，营销就是通过发掘产品内涵和消费者的需求，让消费者了解产品进而产生购买的行为。传统营销和网络营销都是让潜在消费者尽可能多地了解产品，但传统营销通常是通过广告、销售渠道等方式让产品走向消费者；网络营销通过PC互联网、移动互联网让消费者接触到产品。这些方式都有各自的优势，但是随着互联网的发展，全网营销更能让企业和客户建立深度关系。

什么是全网营销

　　随着时代的发展和技术的进步，营销模式也在不断地发生变化。在传统营销时代，企业主要是通过代理商、经销商或者直营模式进行营销。传统营销模式的缺点是满足市场需求的时间长、速度慢、成本高。随着互联网在商业上的应用，出现了网络营销。网络营销的优势是传播范围广、成本低，但是也有其缺点：买卖双方缺乏信任、广告效果不佳等。而全网营销，能更好地发挥传统营销和网络营销的优势，弥补其缺点和不足。那么，什么是全网营销呢？

　　全网营销就是把PC互联网营销、移动互联网营销和传统营销三者结合起来的营销模式，是对这三种营销模式的资源整合。全网营销与以往的营销模式有所不同，以往的营销模式往往是追求一种营销的方法，而全网营销模式以用户思维为核心，不追求哪一种营销方法，是随着用户行为的变化而变化的。因此，要做好全网营销，最重要的是了解客户，知道客户在哪里、客户的需求是什么，然后做精准营销。

　　与以往的营销相比，全网营销有以下六大优势：

全网营销的六大优势

1.品牌形象提升

品牌是企业营销的最高境界，也是企业一直所追求的。企业总是想方设法展示企业形象、扩大品牌的知名度。在全网营销模式下，企业展示品牌形象的渠道很多，例如企业的官方网站、搜索引擎快照、网络旗舰店、分销专卖店、直营店等。

2.规范销售市场

价格战会造成恶性竞争、会破坏市场秩序；同时，网上假货横行，也造成了消费者对网络营销的不信任。而全网营销通过官方建立网上商城，卖家能看到竞争对手的价格，避免了价格战，能起到规范市场的作用。

3.扩大整体销量

网络零售潜力巨大，这从近几年的网络零售额可以明显地看出来。例如，2017年"双十一"阿里巴巴的全网交易额达1682亿元。可见，全网销售这块蛋糕巨大。

4.解决线下销售瓶颈

随着网购人数的增加，线上营销对线下实体店造成了一定的冲击。但是，线上营销与线下营销并不冲突，全网营销能将线上营销与线下营销很好地结合起来，对解决线下的销售瓶颈也是有帮助的。

5.完善客服体系

传统营销模式中多使用电话客服，随着网购人群的增加，网络客服可通过互联网向客户提供更好的服务。

6.梳理分销渠道

随着全网营销的发展，企业建设官方网上商城有利于建立自己的正规分销渠道。

其实，任何一种营销模式都是基于以用户为核心，不同的在于营销平台、营销工具和营销方法的差异。营销的本质是要营造出一种环境、烘托出一种氛围，然后站在客户的角度描述产品，使客户了解并接受产品。以前商品短缺的年代完全是卖方市场：卖方说了算，我有什么你买什么，我没有，你掏再多的钱也没有用。而现在商品过剩，商家的竞争非常激烈，你的产品不好、服务不好，客户就不买你的账。所以，现在的企业都在讨好消费者，而讨好消费者的方法就是深入了解消费者的需求，无论是营销的方法还是对产品的描述等方面都要站在消费者的角度考虑，向消费者传达他们想看到、想听到的内容，并生产出消费者真正想要的产品，这对任何营销方式来说都是非常重要的。

营销发展到今天，已经有了相当成熟的方法和理论，但是营销仍然有不少的难题。企业网站、商家网店里的很多信息都是企业和商家硬塞给消费者的，并不一定是消费者想要的。这就是没有真正站在消费者的角度来考虑，对营销来说是非常不利的。那么，未来企业的营销应该怎么做呢？要靠系统。全网营销就是一套企业经营的系统。全网营销的实践方法很多，例如利用事件营销、搜索营销等，在后面的章节中会进一步详细阐述。

我国网络营销的现状

我国的网络营销虽然起步较晚，但发展迅速。随着网民人数的增多和快递物流行业的发展，网上购物已经成为很多人日常生活的一部分，网上购物的火爆也促进了网络营销的发展。网络营销以互联网为媒介和工具，是营销人员面向广大网民展开的一系列营销活动。网络营销是一种新型的营销方式，它的优点是能降低企业传播信息的成本，具有信息传递及时、效率高，传播范围广等优势。

虽然我国的网络营销发展得比较快，但也存在一些问题，这些问题主要表现在以下几个方面：

1.传统企业对网络利用率不高，营销方式较单一

很多传统企业对网络营销的利用仅仅是在网络广告和企业宣传上，甚至一些企业还没有自己的独立网站，并且营销的方式也比较单一，只是把传统的营销方式搬到了网上，更谈不上网络分销、网络新产品开发、网络服务等营销活动。

2.企业在网络营销上的管理不足

企业开展网络营销时，在管理中还存在一些问题，主要表现在：管理体系不完善，没有形成一套规范系统的管理体系；对网络营销上可能出现的问题没有预见、没有制定相应的措施，等出现问题后才做出相应的反应。

3.缺乏相关的技术人才

网络营销是一个新兴行业，它需要各种人才，特别需要那些具有新信息观念和新型知识结构的人才。但我国企业在相关技术人才方面还是相对比较缺乏的。

4.存在技术与安全问题

网络营销存在的最大的问题是安全问题。如果消费者的支付密码被窃取，很可能给消费者造成巨大损失。安全问题在一定程度上影响了网络营销的发展。

5.人们对网络营销缺乏信任

一般来说人们更相信看得见、摸得着的商品，这是传统营销的优势。在网络上人们只能看到图片和文字介绍，当仅凭网上的一张图片就在网店下单购买东西，人们是要三思而后行的，因为怕买到的东西不适合，也怕买到假货，上当受骗。

6.网络营销存在被动性

网络营销的主动权在消费者手里，因此网络营销人员只能被动地等待顾客下单，不能像传统营销一样主动出击。

网络营销这种创新型的营销模式虽然促进了营销的发展，但是以上存在的问题，在一定程度上也制约了网络营销的发展。存在这些问题的原因主要有两点：一是我国目前的网络营销环境不成熟，网络营销观念有待进一步增强；二是企业缺乏网络营销的目标。促进我国网络营销的发展，应采取以下措施：

1.加强网络营销环境建设

对网络营销环境的建设，首先，要从相关的法律法规着手，从法律上规范网络营销的行为，只有这样才能使网络营销环境健康、有序地发展；

其次，要提高网络购物的安全性，增强人们对网购的信任感。这就需要提高人们购物支付手段、支付方式的安全性，让人们可以放心大胆地网购，只有这样才能促进网络营销的健康发展。

2.增强网络营销观念

虽然网络营销在我国发展迅猛，但是目前很多企业对网络营销的认知还不深、观念不强。要改变这种现状，关键在于建设网络营销人才队伍。一方面，企业要把引进和培养人才结合起来，提高员工对网络营销的认知；另一方面，企业要培养营销人员以消费者为核心的理念，要站在消费者的角度思考问题、开发设计产品、编写宣传信息。

3.明确网络营销的对象

由于网络营销具有被动性，因此网络营销时一定要有明确的营销对象和服务人群，发布的产品宣传信息要很容易让这类人找到，并能引起关注。要做到这一点，首先要做的就是提高信息服务水平，针对服务人群的特点规划好信息的编写、发布渠道，并加强与他们的互动。网络营销部门、人员之间要相互配合，提高对消费者的服务水平。

全网营销是网络营销的升级，它可以解决网络营销中存在的问题。现在，很多线上企业选择在线下开店，消费者可以在线下的实体店里进行体验，然后在网上下单。这就是把传统营销、PC互联网营销、移动互联网营销结合起来的全网营销模式的表现。

消费者在实体店里亲眼看到实物甚至亲身体验产品性能，感觉合适后再到网上下单购买。这样不仅增强了消费者对网上购物的信任感，而且使售后服务有了保证。现在很多传统企业都选择与线上企业结合起来做营销，例如，2016年茅台酒厂就与阿里巴巴开展了战略合作；有的线上企业选择在线下开实体店，例如曾经说过"小米手机没有实体店"的雷军后来表示，接下来将销售渠道的重心从线上营销转向实体门店，2015年首家小米实体店在北京开业。雷军之所以选择在线下开实体店，就是因为小米的线上销售处在低谷期。当单纯地凭网上营销不能满足消费者需求的时候，选择全网营销就成为企业未来营销的发展趋势。

网络营销为什么会失败

互联网的流量存在一个上限，企业在进行网络营销时，争流量就是争客户，网络营销只有拥有大量的流量才能成功。2016年微信的活跃用户突破8亿人，腾讯每天收入3亿元人民币。如果网络营销流量很少，意味着没有足够的客户，结果必然是失败的。先来看看下面两个网络营销失败的案例：

案例一：

从事网络零售业的美国Webvan公司主要销售各类杂货。一开始公司发展迅速，在创办一年半后成功上市，并筹集到将近4亿美元资金，将其网上零售业务扩展到了8个城市，建立起了一个庞大的组织，该公司最高市值为12亿美元。但是，由于零售杂货的利润太薄，而该公司又吸引不到足够多的用户，结果上市不到一年就关门大吉。

案例二：

从事网络零售业的Pets.com公司主要经营宠物专用品，还得到了亚马逊公司的投资。该公司上市后共筹资8250万美元。一开始，这家公司凭借一种玩偶获得成功，公司还花费大量资金在"超级碗"比赛中做广告。但是，客户下单后通常需要好几天才能收到货物，送货费还不低。

Pets.com吸引不到足够多的用户，公司成立9个月后就倒闭了。

上面这两个网络营销公司都是昙花一现，倒闭的原因都是吸引不到足够多的用户。现在，网络公司遍地开花，网络营销竞争非常激烈。网络流量已经成为稀缺资源，争夺流量就是在争夺用户。网络营销争夺流量的多少决定了营销的成败，而能吸引到的流量多少又与网络营销的方法有很大关系，流量的多少只是营销方法结果的体现。下面把网络营销失败的原因总结如下，供网络营销人员参考：

网络营销失败的原因

01	02	03
线上营销与线下营销割裂	网站设计虽好，但应用不足	网络营销计划不周

04	05	06
跟风置办网络营销产品	使用搜索引擎竞价产品但不做维护	盲目进行营销邮件和信息群发

1.线上营销与线下营销割裂

线上营销与线下营销是一体的，都是企业营销战略的一部分，只有线上营销与线下营销互相配合才能取得更好的效果。但是，有的企业误认为只要建个网站，把企业和企业的产品放到网上就是网络营销。这种错误的认识导致线上营销与线下营销处于割裂状态。要知道，如果没有线下营销的配合，网络营销就不能取得良好的效果，更谈不上完成企业销售这一终极目的了。

通过观察我们可以发现，凡是网络营销比较好的企业都是信托自建网站，充分利用行业B2B平台或综合性B2C平台进行销售线索的搜集和潜在客户的挖掘，然后把线上营销与线下营销结合起来，最终完成交易。

2.网站设计虽好，但应用不足

建立企业网站是树立企业形象和进行网络营销的基础，很多企业都有自建网站。但很多企业的网站设计虽然精美，在网络营销应用上却明显不足。这与企业对网站的认识有关，多数企业只关注网站对企业形象的影响，而并不十分关注网站在网络营销中的作用。

我们一定要清楚，企业建立网站的目的是为企业的网络营销服务的。因此，在网站设计上既要重视对企业形象的宣传，又要重视在网络营销方面的应用。同时，还要重视企业产品的展示、用户互动、信息检索、客户体验等环节的设计，使企业网站既实用又有效。

3.网络营销计划不周

一些企业对网络营销没有清晰的认识，看到别的企业网络营销做得风生水起就盲目地跟风上马，甚至模仿别的企业的网络营销模式。这种不经调研、计划就匆忙执行的项目，要想成功是非常不容易的。

网络营销是一个系统工程，涉及很多方面的知识。并且，每个企业的情况不同，网络营销的模式也是不同的，若再没有经过调研、没有计划，网络营销几乎是不可能成功的。要做好网络营销，首先要将网站的建立、信息的发布、营销的方法和产品、客服等工作都做到位，这样才可能使网络营销达到预期效果。

4.跟风置办网络营销产品

市场上的跟风行为是一种很普遍的现象，网络营销产品的置办也不例外。很多企业眼见其他企业使用了某种网络营销产品，就跟着也去置办。这样做的结果并不好，因为很多企业都使用同样的网络营销产品势必会使竞争加剧，进而影响网络营销的效果。其实，企业选择网络营销产品时要遵循这样一条原则：适合自己的才是最好的，跟风得到的效果未必就好。

5.使用搜索引擎竞价产品但不做维护

现在很多搜索网站都推出了搜索引擎竞价产品，搜索引擎竞价产品已经成为网络营销的主流产品，越来越多的企业选择它进行营销推广。但是，很多企业购买了这款产品后并不去维护，只是静待客户上门。这样做起初可能有些效果，但效果会越来越差。

出现这种情况的原因就是企业没有对竞价产品进行维护。企业要想提高竞价产品的使用效果，就要做好每天的预算、关键词的设置和报告分析的维护工作。

6.盲目进行营销邮件和信息群发

一些企业在进行网络营销的时候会采用营销邮件和信息群发的方式。这种方式可能一开始有些效果，但是从长远来看对企业是一种损害。因为有些不法企业或者皮包公司会通过发送垃圾邮件欺骗消费者，消费者早已对这类邮件深恶痛绝，所以很多人收到这样的邮件时可能看都不看，直接删除。如果企业经常发送这样的邮件一定会对企业的形象造成不好的影响，进而影响到企业的网络营销效果。

如今，激烈的网络营销竞争和稀缺的互联网流量使得企业在网络营销中的处境更加艰难。可见，单纯的网络营销已经遇到瓶颈，只有采用全网营销，才能在更大范围内获得流量、吸引用户，避免网络营销的失败。

体验式营销怎么玩

随着经济的发展和人们生活水平的提高，消费者的消费理念也在不断变化，由盲目消费转变为理性消费。盲目消费的坏处之一就是消费者可能一时冲动就购买了某样商品，但买回去之后发现这个商品并不适合自己，或者因为这样那样的原因而不喜欢这个商品了。这不但对消费者是一种浪费，而且对商家的信誉也是一种损害。虽说消费者的购买行为是自愿的，但只要消费者不喜欢就会找商品的原因，认为是商品不好、商家骗人，而不会从自身找原因。

如果是一位理性的消费者，他会根据自己的实际情况购买一件商品。如果再有当时良好的购物体验，这样消费者不但能购买到自己满意的商品，而且会对商家点赞，对消费者和商家来说这是双赢的。现在的消费市场是买方市场，商品很丰富甚至产能过剩。营销是商家的头等大事，那么企业怎样才能做好营销呢？体验式营销是必杀技之一。

因为现在市场上的产品同质化严重，竞争越来越激烈。在这样的情况下，想要达成销售，不但要使客户了解产品的特性，更重要的是让客户对产品产生信任。这时候，单纯靠传统的营销方式已经不奏效了，体验式营销成了未来营销的趋势。我们去超市购物时，在超市里经常会遇到有促销员拿着小杯的牛奶或者小块的水果等食品让顾客品尝，这就是体验式营销的一种形式。体验式营销的好处就是让顾客参与其中，亲身尝试。所以，有时候广告打得再多，不如让顾客亲自体验一下。

体验式营销是形成口碑的基础。特别是在一款产品或者一个品牌刚诞生的时候，或者刚到一个新的地方开拓市场的时候，体验式营销尤其重要。由于是新的事物，人们还不熟悉，一般情况下接受的人比较少。如果这时候开展体验式营销，那么无疑会使人们对产品的认识加深，自然也会慢慢接受新产品。

瑞典的快时尚品牌Dopure为了在中国开拓市场，首先在阿里巴巴的天猫商城开了一家旗舰店。但是，由于Dopure是外来的品牌，并且在中国的知名度不高，价格也比较贵，所以一开始并没有多少顾客。

在这种情况下，Dopure就利用体验式营销在全国展开了试穿活动。Dopure精心挑选了一批有影响力的人参与试穿活动，这些人是淘宝达人、微博达人、北京798艺术区里面的歌手、追逐梦想的大学生等，因为这些人在网络上或者在一定范围内有一定的影响力和话语权，因此Dopure免费赠送给他们牛仔裤。

这些人经过试穿后，深刻地体会到了Dopure的品质，并靠他们的影响力和传播力在网络上形成了对Dopure的良好口碑，使Dopure在中国迅速打开了销路，也使Dopure成为为数不多的在天猫快速成长的牛仔品牌之一。

Dopure的销售策略就是体验式营销，并且是让有影响力的人通过试穿体验形成非常好的口碑传播。这就是体验式营销的优势，比单纯打广告的效果要好很多。伯德·施密特博士在他所写的《体验式营销》一书中对体验式营销的定义是：体验式营销是站在消费者的感官、情感、思考、行动、关联五个方面，重新定义设计营销的思考方式。这种思考方式突破传统上的"理性消费者"的假设，认为消费者在消费时是理性与感性兼具的，消费者在消费前、消费中、消费后的全过程体验才是研究消费者行为与企业品牌经营的关键。

那么，从哪些方面做好体验式营销呢？以下五个方面可以作为参考。

1.感官式营销

感官式营销就是通过视觉、听觉、触觉与嗅觉建立感官上的体验，使客户能够对公司和产品进行识别，从而引发客户的购买动机和增加产品的附加值。

2.情感式营销

情感式营销就是通过触动消费者的内心情感，创造情感体验的一种营销方式。情感式营销重要的一点就是真正了解什么样的刺激可以引起什么样的情绪，使消费者自然地受到感染并融入这种情景中。

3.思考式营销

思考式营销就是启发人们思考，创造性地让消费者获得认识和解决问题的体验。这种营销方式主要是运用惊奇、计谋和诱惑，让消费者通过思考感觉到自己的与众不同。

4.行动式营销

行动式营销就是通过偶像或者网红等有影响力的人来使用产品，激发消费者的购买欲望，从而实现产品的销售。

5.关联式营销

关联式营销是感官、情感、思考和行动营销的综合。这种营销方式特别适用于化妆品、日常用品、私人交通工具等领域。这也是那么多商家请明星做产品代言人的原因。

体验式营销让消费者真正接近了产品，可以拉近商家和消费者之间的距离。消费者通过和产品的亲密接触了解到产品的特性，进而形成品牌口碑，不但会影响到潜在消费者，而且会使一般客户成为产品或品牌的忠诚粉丝。

第二章

02 全网营销的极致思维——
让你的产品与众不同

　　腾讯、小米的成功都在于打造出了不可复制的爆品。腾讯的产品微信，现在活跃用户超过8亿人；小米手机、小米手环，一年的销售量在几千万。在全网营销时代，爆品决定了企业成就的大小。相反，一般的产品很容易被模仿跟风，在互联网时代这类产品的市场很快就会饱和。在激烈竞争中，企业要么利润微薄，要么亏损。所以，只有打造不可复制的爆品，才能使企业立于不败之地。这就是全网营销的极致思维——让你的产品与众不同。

差异：用差异化打造品牌

在传统市场中，产品的同质化严重影响了企业的竞争力，并且造成了残酷的市场竞争。通过观察可以发现，凡是做大做强的企业至少有一款爆品，这个爆品是独一无二的，是其他企业无法复制的。它一出现就占领了市场先机，占领了消费者的认知。即使别的企业做出相似的产品，也不会取代它的市场地位。

我们都知道，腾讯开发的即时通信产品QQ和微信在社交领域一家独大。马云一直想打破这种格局，于是阿里巴巴做了"来往"这个社交平台，但并不成功；后来又想使支付宝具有社交功能，一直在为此努力但现在看来还没有成功。可见一个产品一旦成为爆品，一旦获得了大多数人的认可和使用，再想打破这种格局是很难的。

做得比较好的爆品都是在一个细分空间打造出一个与众不同的产品。马化腾在一次接受采访时说过"要关注小的痛点"，这个"小的痛点"就是细分。随着社会的发展，社会分工越来越细化，只要在一个细分的市场里打造出一个与众不同的产品，它就可能成为爆品。在饮料领域，我们知道可口可乐是当之无愧的"大佬"，现在市场上的饮料品种何其多、卖点又何其多，但是想打败可口可乐恐怕很难。在我国有一家饮料企业在细分领域打造爆品方面就做得比较好，就是王老吉。王老吉就是在饮料行业中选择了一个细分的品类——凉茶。

企业打造出爆品就能产生品牌效应。现在的消费者都很重视品牌，品牌是最好的口碑，也是最好的广告。在全网营销时代，一个爆品会在短时间内被很多人所熟知，并成为知名品牌，被消费者接受。

饮用水市场经过不断的竞争，现在形成了娃哈哈、乐百氏、农夫山泉三足鼎立的格局。其中，乐百氏的脱颖而出就得益于利用细分打造与众不同的品牌。

当年纯净水刚开始盛行的时候，所有做纯净水品牌的企业都宣称自己的纯净水很纯净，但是消费者并不知道哪一家的纯净水真正的纯净。乐百氏上市之初就认识到利用理性诉求来打造品牌认同的重要性，于是提出了"27层净化"的概念。

乐百氏在广告中强调了"27层净化"这一卖点，给消费者留下深刻的印象，并且"27层净化"也给消费者一种很纯净、可以信赖的感觉。乐百氏的成功在一定程度上就在于提出这一概念，通过差异化打造出了与其他纯净水不同的品牌。

乐百氏品牌创立的成功就是在纯净水这个市场上，在"纯净"这一细分方面提出"27层净化"的概念，让消费者对"纯净"有了理性的认识。所以，在细分市场上要准确找到消费者的"痛点"，这个"痛点"就是产品的"卖点"。只要"卖点"找得好，消费者就容易接受产品并认可品牌。比如王老吉，它的卖点就是"怕上火就喝王老吉"。

在细分市场上打造与众不同的品牌，关键是让产品与其他同类产品相比有差异。我国有一家养老机构，也是运用差异化打造出了知名品牌，这就是太申祥和山庄，它为养老提供了不同以往的服务。

太申祥和山庄是一家私人养老机构，它与其他养老机构相比的不同之处就是免费养老。老人入住时缴纳一定的会费，等到老人去世后太申祥和山庄将会费返还给其子女。太申祥和山庄为什么选择这样的养老方式呢？这是因为，随着社会的发展和人们生活水平的提高，人们对养老有了更高的要求，不但要求食宿好，而且要有丰富多彩的生活。太申祥和山庄不仅免费养老，而且是一家集养生、保健、医疗、住宿、餐饮、旅游于一体的养老机构，所以得到了人们的认可。

在全网营销时代，打造出与众不同的好品牌的关键是要做出好产品，好产品才是营销成功的王道。好产品就是要有差异性，能让消费者明确感受到这种差异，并且这种差异会给消费者带来更好的使用体验，这样消费者才会接受这款产品，进而认可品牌。

价值：找出最有价值的核心产品

企业的产品利润也遵循二八定律，即20%的产品创造了企业80%的利润，这20%的产品就是企业的核心产品。核心产品是一个企业的灵魂，是企业盈利的第一要素，也是企业做大做强的支撑。

但是，企业都是逐利的，随着市场竞争的加剧，越来越多的企业迫不得已向多方发展以追求更高的利润，于是很多企业跟风生产、模仿生产。这不但使市场上的商品同质化严重，也使企业的众多产品中没有一个是核心产品。在全网营销时代，客户都会问这样一个问题："贵公司的核心产品是什么？"客户之所以这样问，就是因为现在有太多的企业生产太多的产品，却没有核心产品，没有核心产品就意味着企业在市场上没有核心竞争力。

企业的核心竞争力来源于核心产品，如果企业没有核心产品就无法开拓网络市场。在全网营销时代，核心产品是企业进入网络营销市场的关键。没有核心产品的企业即使产品再多，在市场上也不会有太强的竞争力，更不能给企业带来高利润。

有两个生产果酱的厂家，一个厂家生产的果酱只有6种口味，而另一家生产的果酱有24种口味。这两个厂家在市场上都设有直营专卖店，第二个厂家的专卖店在吸引顾客上要强于第一个厂家，然而，在销售额上第一个厂家的专卖店要远高于第二个厂家的专卖店。

怎么会这样呢？品种多了反而销售额不高？这是因为，人们在面对太多选择的时候反而无法选择，最后可能放弃选择。心理学研究也表明，当人们面临过多选择时就隐含着选择机会成本提高的风险。而企业为生产过多种类的产品必须建设不同品类的生产线，这对企业也是一种成本负担，对客户来说则面临选择成本的负担。

一些企业在创立之初往往会选择某一个品类作为突破口，这样能够在某个领域迅速提升品牌的知名度。在经过市场推广后，就能迅速为人们所熟知，并打开市场。小米公司就是这样。一开始小米公司以小米手机为突破口，当小米手机这个核心产品占领市场后，小米公司的知名度也就大大提升了。又如大家所熟知的苹果公司，其苹果品牌在手机领域只有一款核心产品iPhone手机，在保持核心产品性能稳定的前提下，苹果公司靠升级产品来保持这种核心竞争力。

在全网营销时代，企业的核心产品必须具有独特的价值。在经过市场的选择后，核心产品能以更少的成本创造更多的价值。那么，企业如何选择核心产品呢？这就要从核心产品的特点下手。核心产品具有以下三个特点：

核心产品的三个特点

优势鲜明　　有知名度　　利润高

1.优势鲜明

核心产品既有市场优势，又有技术优势，并且这种优势很难被竞争对手模仿和超越，在市场上具有明显的差异性。这样的产品就可以确定为全网营销的核心产品。

2.有知名度

全网营销就是要让产品有知名度，得到广大网民的关注。这样的产品应该更容易打开网络市场，即使这款产品利润不高，只要有大量的关注，也能给企业带来高附加值。

3.利润高

产品利润的来源有三个方面：一是产品本身是高利润产品；二是产品本身利润低，但是其附加值高；三是产品销量大。这类产品都可以作为企业的核心产品。

总之企业核心产品的特点就是有优势、抓眼球、能赚钱。企业要想在全网营销时代保持快速增长，就要抓住一款核心产品。那么，企业如何打造出一款最有价值的核心产品呢？以下五个方面可以作为参考：

1.集中一个品种

首先必须明确要做哪一个产品，然后集中力量，把这个产品做到极致。

2.集中一个区域

集中精力在一个区域之中取得绝对优势，超越竞争对手。当然，企业要在这个区域当中拥有最丰富的资源，这样才能做到最好。

3.人员集中

在一个企业里，优秀的成果都是由优秀的人员做出来的。企业要把最优秀的人集中到核心产品的研发和销售上，这样才能保证把核心产品做到最好。

4.集中宣传

当核心产品生产出来之后，宣传环节是最重要的，在宣传上要把地点、费用和渠道集中起来、相互配合，这样才能创造最高的宣传价值，才能把核心产品的宣传力度做到最大。

5.集中资金

一般来说，企业都相对缺乏生产资金，这种情况下更要把好钢用在刀刃上，要集中使用资金。如果企业由于缺乏资金或者资金分散使用而影响了核心产品后期的推广效果，将是一个重大损失。

在全网营销时代，打造最有价值的核心产品是最重要的，也是企业快速发展的关键。企业应该把核心产品发展到一定阶段，等有了一定实力再开发新产品。小米公司就是一个榜样，现在小米不仅做手机，还做智能手环、路由器、净化器等等。全网营销的核心就是博眼球，吸引尽可能多的网民关注。只有能为网民创造价值的产品才能吸引他们的目光。所以，企业一定要下功夫，打造能为网民创造价值的核心产品。

识别：让客户一眼认出你的产品

随着网络购物的兴起，很多企业开始"触网"，把自家产品搬到线上营销。但是，由于市场竞争激烈，很多企业跟风、模仿生产，导致产品同质化严重，无论是产品的设计、包装还是产品功能，都有很高的相似度。

有过网购经历的人都知道，在网上输入要购买的商品名称搜索后，展现出来的商品琳琅满目，并且大多数商品都很相似。这种情况很多时候消费者感到无从选择，一家一家地看肯定没有时间，有时候随便选择一家就下单了。一个商品如果没有很高的识别度，是很难成功的。在众多同类别的产品中，如果消费者不能一眼认出你的产品，可能就不会选择你的产品。

成功的产品都有很鲜明的识别度。这种识别度要么来自产品的包装、设计，要么是朗朗上口的广告词，要么是有一个很好的品牌故事。总之，是这些元素让消费者记住了你的品牌，记住了你的产品。当消费者需要这些产品的时候，首先想到的就是你的产品，这样你的产品才能在成千上万的产品中脱颖而出。成功的产品都具有这种识别度，褚橙之所以能人人皆知，不仅是因为它好吃，而且因为它有一个很好的品牌故事，这个品牌故事不但让很多人知道了褚橙，而且让人记住了这个品牌。

褚橙又被称为"励志橙"，它是褚时健十年磨一剑种出来的橙子。褚时健不仅有前半生的人生辉煌，而且有跌落谷底时的强大反弹，在古稀之年开始二次创业，走上了人生的又一个巅峰。

褚时健曾经是云南玉溪红塔集团的董事长，是有名的"中国烟草大王"。他在51岁时掌管云南玉溪卷烟厂，在他的管理下，玉溪卷烟厂成为当时的"亚洲第一"卷烟厂，在世界烟草企业界也是排在前列的现代化大型企业。1994年，褚时健被评为"全国十大改革风云人物"。

然而，在1999年时，褚时健因为经济问题被判处无期徒刑，后减刑为有期徒刑17年。2001年，他因为身体健康原因被保外就医。2002年，他承包了2400亩荒山开始种橙子，这一年他75岁。

十年之后，在褚时健85岁时，他种植的橙子开始通过网络营销售卖，由于橙子的质量好，常被销售一空，褚时健又被称为"励志橙王"。2014年，褚时健获得了由人民网主办的第九届"人民企业社会责任奖特别致敬人物奖"。

褚橙的包装

俗话说，"货卖一张皮"，就是说产品要好看，这就要求产品的包装设计要有特色。褚橙不但质量好，其包装也很好，褚橙的包装还获得了

2016年"红点设计大奖",这是有设计界"奥斯卡"之称的奖项。褚橙包装设计是从来自全球46个国家5000多件参赛作品中脱颖而出的。红点设计大奖的发起人兼首席执行官彼得·扎克说:"褚橙包装是为运输和销售而开发的。它用漂亮和简单的双色印刷与图形设计,以及一个杰出的、聪明的功能——通过简单的机制突出水果,成功地说服了我们。"

褚橙在市场上有很高的识别度,相信消费者一眼就能认出来。褚橙一上市便迅速红遍大江南北,这与其品牌故事和有特色的包装设计是分不开的。所以,讲好产品的卖点故事、做出出色的包装设计,对提高品牌的知名度十分重要。

在市场上,能成功销售的产品都是有很高识别度的。例如在所有其他品牌的手机都有键盘的年代,没有键盘是苹果手机最明显的标志,当时人们看到没有键盘的手机时就知道这是什么牌子的手机。例如,人们对红色比较敏感,一些产品把包装设计成大面积的红色就能快速吸引消费者的目光。由于包装设计具有特点,人们看到这些包装设计的时候就会自然联想到对应的品牌,这就使产品在市场上有了与众不同之处,也就是识别度。当一个产品有了很高的识别度的时候,就能在市场上脱颖而出。那么,企业应该如何提高产品的识别度呢?

1.准确定位产品

企业首先要给产品一个非常准确的定位,这样消费者才能将它与其他产品区别开来,同时也提高了产品的识别度。例如,王老吉对产品的定位是"王老吉是产品不是药",再加上"怕上火就喝王老吉"这句广告词使王老吉火遍了全国,创造了中国饮料界的销售传奇,也奠定了王老吉在消费者心中正宗凉茶的地位。又如星巴克咖啡的定位,正如曾任其首席推广官的斯科特·贝德伯里所说:"星巴克的核心识别与其说是生产一杯伟大的咖啡，不如说是提供一次伟大的咖啡体验。"可见，准确的产品定位是提高产品识别度的基础。

2.视觉冲击

视觉是人传递和接受信息的主要通道之一。对消费者产生视觉冲击的首先是产品包装。产品包装采用不同的颜色对消费者的吸引力是不同的，也是提高产品识别度的一个重要方面，比如王老吉、可口可乐采用的就是能产生强烈视觉冲击的红色包装。

3.给产品起一个好名字

好的产品名字能让消费者更容易记忆，消费者只要听到或看到这个名字的时候就会想到这个产品。好的名字不但能让消费者感到亲近，而且有利于产品信息的传播，例如好想你枣片、小米、外婆家等等。

4.好产品的主张

好的产品要给消费者一个购买的理由。例如脑白金的广告语："今年过节不收礼，收礼就收脑白金"。虽然这个主张很俗，但是它符合了中国人逢年过节互相拜望送礼的习俗。所以，企业在设计产品的时候，一个准确的产品主张也能够快速吸引和引导消费者。

5.讲好产品故事

一个成功的产品不仅要有实用价值，而且要有文化价值。现在的消费者在购买产品的时候不仅会关注产品本身，而且会关注产品的文化价值。例如前面提到的褚橙，消费者感觉"吃的是褚橙，品的是人生"，这就得益于褚橙的产品故事。好的产品故事不仅能传递出良好的产品形象，而且体现了企业的价值和产品的文化内涵。这些内容都能使产品在全网营销的传播中达到事半功倍的效果。

在全网营销时代，企业要想使产品在众多同质化的产品中脱颖而出，就要创造出自己产品的识别度，能让消费者在众多产品中一眼认出自己的产品。同时，提高产品的识别度不仅能够降低产品的传播成本，也能让产品在推广和发展的过程中取得非常好的成绩。

服务是业绩的新来源

在产能过剩的时代，企业的竞争异常激烈，但价格和质量相似的产品，在市场中的销售业绩也会有天壤之别，有的商家产品销售旺盛，有的商家的产品则销售乏力。造成这种现象的原因是：产品销售除了拼价格和质量之外，还要拼服务。

服务是生产力，也是竞争力，更是企业的软实力。凡是成功的企业，都拥有优质贴心的服务。企业服务做得好，不仅是企业形象的展示，而且能对企业起到很好的宣传作用，形成良好的口碑。

美国有一个新闻记者有一次到日本访问，在一家商店购买了一部索尼随身听。由于这名记者急着赶飞机，就没有拆开包装检查。回到美国后，这名记者拆开包装，发现里面的随身听只是一个空壳。他很气愤，连夜写了一篇新闻稿，题目是"一个世界知名企业的骗局"，准备第二天发表在报纸上。

然而，这名记者在凌晨两点时接到了索尼公司打来的越洋电话。在电话里，一位索尼公司的负责人向这名记者致歉，原来是由于售货员的大意，把展示用的样品出售给了这名记者。这名记者听完负责人的解释很疑惑：自己当时只是匆匆路过，购买商品时并没有留下名字和任何联系方式，索尼公司是怎么找到他的？

索尼公司的负责人说出了找这名记者的过程。为了找到这名记者，索尼公司的东京办事处派了20多人，查访了100多位顾客，打了27个加急电话，一直到凌晨才找到这名记者的联系方式。一天后，记者收到了索尼公司派专人送来的新索尼随身听和一封道歉信。这名记者把先前他没有发出的新闻稿扔进了垃圾筒，又重新写一篇，题目是"27个加急电话，一个优秀企业以信誉的挽救与维护"。

这个案例中，这名记者的购物经历是从愤怒到惊讶，再到感动，这种情绪变化和日本索尼公司的优质服务是分不开的。假设索尼公司的服务做得不好，对这个美国消费者的情况置之不理或者反应迟缓，那么记者的第一篇新闻稿发表到报纸上以后肯定会对索尼公司造成诸多负面影响，使企业丢了形象和信誉，进而影响企业的业绩。然而，由于索尼公司对这个错误十分重视，想尽一切办法找到这名记者并向他诚恳道歉，还派专人给他送去正品机和道歉信，使这名记者深受感动。他写的第二篇稿件不仅对索尼公司产生了正面影响，而且会使读过这篇新闻稿件的消费者对索尼的产品更加信赖。

有人说，服务是正式销售的开始。随着人们生活水平的提高，过去人们只是单纯追求产品的价格，而现在人们追求的是产品的质量与服务。在相同价格和相同质量的情况下，顾客就看服务质量了，谁的服务质量好，谁就能吸引到更多的消费者。企业的优质服务会对消费者产生一种黏性，因为服务好，消费者会对企业产生信赖感和亲切感。海底捞在中国餐饮界很有名，其中一个重要的原因就是服务好。

在西安的一家海底捞火锅店，有一次，七八个客人正在就餐。由于天气炎热，这几个人吃得汗流浃背。其中一个客人说："这家火锅挺好吃的，就是天太热了，要是吃完后再来根钟楼小奶糕就好了。"另外几个客人说他："你想得美。"

他们的对话被店长听到了，店长当时就派人打车去购买钟楼小奶糕。这家海底捞门店距离卖这种小奶糕的地方有二十几分钟的车程，当时西安的物价比较低，这桌客人的消费也就100多块钱，而买这种小奶糕的钱再加上来回的打车费就要30多块钱。从账面上看，再赠送奶糕绝对是亏本的买卖。

当这几位客人吃过饭准备买单时，店长把一大盘钟楼小奶糕送了过来，说："刚才无意听到了你们想吃钟楼小奶糕，我就派人给你们买了20个，你们快尝尝，降降温。"这几个客人听了店长的话很感动，纷纷表示："你们的服务真是太好了，以后我们所有的聚餐就选你们家！"

优秀的服务是留住回头客的法宝，海底捞之所以能成为很多企业学习的榜样，是因为它不但产品质量好，而且服务好。海底捞优质的服务使它从四川简阳的一家火锅店发展到现在全国连锁餐饮企业，并走出了国门，在新加坡开设分店。像海底捞这样服务客人的例子还有很多，它用一流的服务为消费者提供了不一样的消费体验。

很多企业都有"顾客第一，服务至上"的口号，但有的企业只是从"口号"到"口号"，并没有将这种服务理念落到实处。在全网营销时代，真正做到"服务至上"，就是要站在消费者的角度考虑问题，做到"想客户之所想，急客户之所急"。把服务做到极致是提高企业竞争力的一个方面，是全网营销时代企业业绩的新来源。

第三章 全网营销的精准布局——
用户在哪里，营销就在哪里

　　要做好营销，首先要找准目标，也就是找准用户。产品不同，用户就不同，营销的目标也就不同。全网营销与传统营销最大的不同就是，它能够延伸到不同群体的客户。只要找准了产品的用户，就有了营销的渠道。

　　在互联网时代，不同的群体会选择不同的信息媒介，有的人用微博，有的人玩微信，有的人喜欢看电视……所以，企业要根据产品的定位弄清楚用户在哪里，然后就把营销做到哪里。

精准营销：将合适的产品卖给合适的人

互联网的发展给人们的生活带来了极大的便利，现在很多人想了解一些信息都喜欢先在网上搜索一下。喜欢在网上购物的人买东西前经常会逛逛淘宝、京东商城或其他购物网站。然而，随着网络营销的普及，网上商城的商品越来越丰富，网购的时候人们越来越难找到自己喜欢又合适的商品了。

那么，如何将合适的商品卖给合适的人呢？就是要做到精准营销。产品的定位不同，适用的消费群体也就不同。要做到精准营销，就要以消费者为出发点，一定要搞清楚用户是谁、在哪里。当他们需要找某款产品的时候，第一时间把产品展现在他们面前。在全网营销时代，产品营销的渠道是全方位的，要针对不同的销售群体选择不同的营销渠道。那么，精准营销究竟该如何做呢？下面看一下脑白金的案例。

脑白金的产品定位是老年人，所以一般人都会认为其营销目标应该是老年人。脑白金的生产者一开始也是这么认为的。

脑白金产品生产出来后，为了打开销路，企业采用了体验式营销的方式，就是在公园里向老年人免费发放脑白金产品。这些大爷大妈试了几次之后觉得效果确实好，脑白金对他们的便秘和失眠症有很大的缓解作用，反馈也非常好。这样的免费活动进行了一个月后，生产者开始收费了，但是每盒一百多元的费用让这些大爷大妈们觉得太贵了。他们认为这又不是生活必需品，而且还这么贵，因而无法接受。

这让生产者感到很困惑，这些老年人明明一开始很欢迎脑白金，并且产品对他们来说也很适用，为什么一收费他们就不喜欢了呢？后来经过调查发现，虽然这些老年人是受益人群，但是他们的购买力不强。那么，这个钱由谁来付呢？谁给这些老年人埋单呢？脑白金的生产者想到了他们的儿女。认识到这个情况之后，脑白金的生产者改变了营销策略，把营销的目标定位在了年轻人身上。后来就有了"孝敬爸妈脑白金"的广告，脑白金的市场也逐渐打开了。

脑白金生产者开始采用的营销策略之所以不成功，是因为他们虽然准确定位了适用人群，但是这个群体没有购买力，销路当然打不开。后来，脑白金生产者改变营销策略之后，营销效果就很明显。虽然吃脑白金的是老年人，但是营销目标却是他们的儿女们，这就是找到了精准的营销对象。要知道，很多时候产品的购买者和使用者是分开的，所以，在进行产品营销的时候，要把营销目标定为购买者。可以说，脑白金的成功就是精准营销的成功。

精准营销要想获得成功，就要站在客户的角度考虑。还是以脑白金为例，脑白金虽然对老年人很适用、他们也需要，但是老年人购买力差，再加上他们又比较节俭，这就造成了一开始营销的失败。后来，经营者把营销目标定位为年轻人原因有二：一是年轻人有经济来源，二是年轻人给父母购买这款产品也能体现出对父母的孝顺。

精准营销就是把合适的产品卖给合适的人，那么，怎么知道哪一类产品适合什么样的人群呢？这就要求企业在设计产品之前先给产品定位，然后再做市场调查，以搞清楚这类人是否需要这款产品。产品生产出来以后可以根据条件开展体验式营销，如果效果不错，那就说明之前定位的适用人群是对的，然后再根据这类人群的消费特点选择合适的营销渠道进行销售。

虽然互联网给人们的生活带来了便利，但面对信息的爆炸，人们也开始无从选择。此时，越是简单的就越有力量。所以，网络营销人员要给消费者提供精准的信息，减少他们选择时的麻烦。精准的信息意味着准确、简单，就是要找出产品的卖点，提供给需要这款产品的消费者。然后，通过合适的渠道把产品卖给合适的消费者，这就是精准营销的核心。对全网营销来说，只有进行精准营销，才能使营销的效果最大化。

渠道选择：从用户出发选择不同的产品宣传渠道

全网营销是从用户出发考虑问题的，这也是全网营销的本质。企业生产的每一种产品都会有定位，都有不同的适合人群。企业要把产品销售给合适的消费者，就要研究适用人群的特点和消费习惯。不同消费群体对产品的追求是不一样的：有的人追求性价比，有的人追求质量，有的人追求品牌。不同的消费群体的交易渠道也不一样，同样是网上购物，有的人喜欢淘宝，有的人喜欢京东，有的人喜欢其他网上购物商城。

所以，做全网营销首先要给产品做好定位，明确产品是给什么样的群体用的，并且要弄清楚这类人群的消费特点和信息获取渠道。例如，看电视、读报纸是老年人的习惯，那么针对老年人的产品就要选择电视、报纸媒体进行宣传；"80后""90后"的年轻人几乎不读报纸，也很少看电视，更喜欢玩电脑、玩手机。针对这类消费者设计的产品就要选用PC互联网或移动互联网进行宣传。总之，对不同的消费群体要采用不同的消费渠道进行产品宣传。

史玉柱团队开发的《征途》网络游戏虽然不能说是一款最好的网络游戏，但其刚运营一年左右就占据了5.2%的市场份额，为公司带来了巨额的收益。《征途》为什么能取得如此优异的成绩呢？这得益于史玉柱的营销策略。

首先是免费。史玉柱宣布这款游戏永远免费，在当时很多公司还不敢这样做的时候史玉柱却做了，这是什么原因呢？因为史玉柱对游戏玩家的心理有准确的分析和把握。游戏免费看似不赚钱，其实是赚钱的模式变了。史玉柱改变了过去游戏那种按在线时间收费的模式，而是靠出售道具、材料等赚钱，玩家对游戏中消耗品的不节制消费就成为运营公司的利润来源。

其实，《征途》不是赚所有玩家的钱，而是"挣有钱人的钱"。史玉柱对游戏玩家进行了分类：一是有钱没有时间的，二是没钱有时间的，三是有钱有时间的，四是没钱没时间的。他又进一步分析出：前两种人是玩游戏的主要群体，"有钱没时间的占到16%左右，他们花人民币玩游戏，也称人民币玩家；没钱有时间的占70%，他们主要靠大量的在线时间挣钱玩游戏"。史玉柱在对游戏玩家的情况进行具体分析之后，对《征途》游戏做出的定位是"挣有钱人的钱，让没钱的人撑人气"。在具体实施上，史玉柱是这么做的：让有钱没有时间的玩家雇人替他们玩游戏升级，并出钱购买道具，成为游戏中的强者，让别人仰慕，这就抓住了这部分玩家的心理；对于没钱有时间的玩家，为了不让他们感到不公平而流失，史玉柱推出了跑商任务系统，没钱的玩家不仅可以玩游戏，而且可以通过做生意挣钱。就这样，史玉柱推出的免费模式挣的钱比收费模式还要多。

在游戏的推广上，史玉柱除了网络推广，还采用了电视广告、活动营销、反向营销、地毯式推广等营销模式。全方位的营销策略使这款游戏很快在网络游戏领域火了起来。

从《征途》网络游戏的成功营销案例中可以看出，史玉柱在营销这款游戏的时候首先对游戏玩家进行了精确的分析，准确把握了游戏玩家的心理，并根据这种玩家心理对游戏做出了精准定位。在营销策略上，虽然现在是网络时代，但史玉柱采用了全方位的营销策略，充分利用各种媒介进行营销，使这场营销成为全网营销的经典案例。

所以，企业对用户的准确掌握和渠道选择是产品营销成功的关键。分众传媒的创始人江南春就是根据电梯是白领的必经之处，而开创了针对白领的电梯广告业。在产品营销上，对不同的群体要选择不同的宣传推广渠道。那么，如何让目标用户关注到企业的产品呢？

1.掌握"5W1D"原则

"5W1D"即what、who、when、where、why和do。意思是：谁会来企业产品的宣传平台上？为什么到这里来？来干什么？是否找什么东西？怎么找？找到之后怎么办？要把握消费者的这种行为，就要对消费者的消费心理有准确的认识，这样才能有针对性地对他们推销产品。

2.根据用户搜索行为做营销

消费者对产品的搜索行为有两种，一是有了需求，就会上网找自己需要的东西；二是兴趣，就是凭自己的兴趣上网找东西。对于需求，企业要做的是直接吸引客户，在产品的价格、包装、功能介绍等方面引起客户关注。对于消费者的好奇心，可以采用事件营销的方式，或者讲一个吸引人的故事，来吸引客户。

3.从用户角度出发

由于用户接受信息的渠道不同，企业也要从用户的角度出发，选择合适的宣传渠道。

企业营销就是把合适的产品推销给合适的用户，营销推广的模式不是一成不变的，要从线上和线下创新营销的方式方法。企业要在满足消费者需求的情况下，通过创新营销模式来提高市场占有率。

双线营销：实现企业、用户、线上、线下四点联动

网络营销随着互联网的发展而快速兴起，其独特的营销魅力与市场潜力使大量企业纷纷试水线上营销模式。但是，传统企业一直以来都是以线下营销为主要营销方式，发展线上渠道势必会对自己经营多年的线下渠道造成冲击。现在，很多企业只是把发展线上渠道作为线下渠道的一个补充；但是，随着营销模式的变化，未来的营销模式将是线上与线下相互补充、相互融合的。

通常来说，营销的本质就是让客户有购买产品的理由，并且能够方便地购买到产品。一个产品生产出来之后，首先要做的就是通过传统媒体或网络进行产品宣传，让客户了解产品，让客户能方便购买，这就是渠道问题。现在人们购物一般有两个渠道：线上渠道和线下渠道，所以产品营销就分为线上营销和线下营销。

线上营销就是通过PC网络、移动网络的网站或者购物商城等渠道，最大限度地接近用户；线下营销就是通过代理商、经销商、分销商、专卖店、商场专柜等，就地服务用户、提供产品。线上营销的优点是传播速度快、中间环节少、性价比高，缺点是购物体验差；线下购物的优点是能与用户面对面接触，更好地沟通交流，购物体验好，缺点是经营成本高。现在，很多线下实体店经营困难就是因为经营成本高，有的用户在实体店体验后就在网上找性价比高的商品来购买，这给实体店的经营带来了困难。

刘女士是某品牌服装的专卖店老板，她经常遇到这样的事情：有的顾客来到店里东挑西拣、左试右试，最后把衣服试好又找借口不买了。然后，这些顾客会在网上找款式、型号一样的衣服，在网上购买；还有的顾客来到店里后以网上的价格和她讨价还价。这让刘女士很气愤，她抱怨说："我就是替互联网免费打工的，我这里是专卖店，衣服都是有质量保证和服务承诺的，顾客要求的价格我根本做不了。"

线上营销确实给线下营销带来了一定的冲击。在行业内，大经销商除了销售收入以外，完成一定的销售量还能拿到厂家的返点。同样的产品在网上卖价之所以低，就是因为单件产品的销售利润虽然低，但大经销商可以拿到厂家的返利，依然能够保证可观的收入。而且线上营销能满足大经销商大量走货的需求，相对来说其进货的成本就比较低。而对于线下营销来说，处于产业链末端的零售商由于进货环节多，再加上层层取利，产品的进价相对比较高。所以，线下实体店的竞争力就不如线上营销。

那么，如何解决这个问题，兼顾线上营销与线下营销呢？如果是同一款产品，同时在线上和线下营销，价格不一致肯定会影响线下营销。要知道，人们在网上购买产品一般有三种考量：一是图方便，二是图便宜，三是当地市场上没有。企业可以根据网上购物人群的特点开发出专供网上销售的产品，这样不但能提高市场占有率，而且能保证线下的利润并开拓线上市场。

某品牌的羽绒服在网上商城的销售不佳，后来这家服装厂邀请世界知名的服装设计师专为网上商城设计了一款T恤衫。这些T恤衫实体店里没有，只在网上商城出售。这款设计独特的T恤衫立即成了网上爆品，一度脱销。网上商城随即推出了网上预售活动，吸引了一大批喜欢追新的消费者。

该服装品牌通过开发专供网络销售的产品，不仅带动了线上市场，而且提高了整体的市场占有率。

随着营销模式的变化，线上零售和线下零售都在发生变化，但线上与线下不是谁要取代谁，而是相互补充的关系。在全网营销时代，企业既要发展线下市场，又要拓展线上市场。这就要根据线下用户与线上用户对产品的不同需求，在产品设计时就要区分出线下与线上，既满足线上客户的需求，又保证线下商家的利润，使线上与线下相互兼顾。例如，宝洁公司曾在淘宝网上开设网店，销售一款电动剃须刀，因为价格问题，这款产品只在网上销售，借助于网络营销的低成本使这款在线下渠道很难销售的产品成了网上爆品。所以，在网上销售一些特供产品对企业的整体营销是有利的。

双线营销能发挥线上营销与线下营销各自的优势，线上营销的快捷、实惠和线下营销的良好购物体验使它们相得益彰、相互补充。因此，很多在网上口碑很好的产品仍然会在线下开设实体店，就是为了提升用户体验，一度宣称只做线上互联网营销的小米公司也已经在线下开设了实体店。

在未来，企业要追求线上与线下双赢，因为网络营销并不是单一的网站运营和推广，成功的线下营销活动对线上营销也会有很大的影响，同时线上快速传播的品牌影响力和知名度对线下营销也有促进作用。所以，把线上营销与线下营销融合起来，才能实现双赢。

对企业而言，线上营销与线下营销都有各自的平台和空间，只有线上与线下相互配合，才能不断提高产品的市场占有率，扩大品牌的知名度。

如果线上营销与线下营销安排不合理，就会造成自己和自己竞争，最后受损失的还是企业自己。

在全网营销时代，线上营销与线下营销并不是相互孤立的。线上的影响力可以影响到线下的活动，不仅能提高企业产品的品牌影响力，而且能加强与用户的联系，进而为企业带来经济效益。全网营销就是要线上与线下相互促进、相辅相成，企业要开展双网营销，使企业、用户、线上、线下四点联动，才能与时俱进，跟上时代发展的步伐。

第四章

建立全网营销思维——
创新思维改变营销模式

随着互联网的发展，消费者的消费习惯也在不断转型与升级。互联网的崛起给营销模式带来了革命性的改变，不仅打破了原有的竞争规则，而且使得营销模式的创新空间越来越大，竞争越来越激烈。传统的营销模式和单一的营销模式已经不能适应市场环境的变化了，现在已经到了营销模式制胜的经营时代。企业要建立全网营销思维，才能适应时代发展的需要。

营销模式永远在变化

营销模式是营销策略的一部分，是企业在营销过程中采用的方式与方法。企业经营的成功与否与营销模式有很大关系。随着市场经济的发展和消费者消费习惯的变化，营销模式也在不断变化。自改革开放以来，我国企业在营销模式上有三次重大变化。

第一次营销模式变化是在1992年邓小平南方谈话之后，民营企业快速发展，以现代零售业为代表的营销模式取代了以前的国有营销模式。在这一时期，营销模式的变化促进了媒体结构的变化。

这次营销模式变化有以下特点：一是渠道为王，就是企业信赖零售终端，因为零售终端最容易接触到消费者；二是市场下沉，由于中国市场十分广大，再加上渠道的梯级分布，给企业的销售提供了很大的空间；三是深度分销，零售终端是企业之间竞争的目标，和零售终端建立良好的关系才能使产品最大限度地接触到消费者；四是心智占位，就是加大宣传力度，提高产品的知名度。这种营销模式的套路就是名人代言、产品的定位、电视广告，还有就是通过产品包装、招商、分销的方式快速占领市场。

第二次营销模式变化是从2003年淘宝出现开始到2009年各大电商平台的建成。这一时期出现的电商平台有三种：一是服务型电商平台，例如酒仙网、1号店、唯品会等；二是品牌网购型电商平台，例如麦包包、优果网等；三是从线下到线上，这时传统零售业加入了电商的浪潮，把线下实体店销售搬到了网上。

这一时期的电商营销模式有以下特点：一是快递打败了渠道，电商销售环节绕过了中间渠道，快递员可以将产品直接送到消费者手中；二是网银支付打败终端，支付宝、微信、银联卡等支付方式，提高了销售的效率；三是社交化媒体打败了传统媒体，互联网的发展创造了一个新的媒体世界，自媒体的兴起使传统媒体丧失了效力；四是搜索引擎优化打败了广告。广告通过大量投放吸引潜在消费者，而搜索引擎的优化不是简单的广告投放，而是可以直接带来销售的流量；五是网店打败实体店，有了网购的便利，有的人购物基本不出门，这就减少了逛街和逛商场的次数，对实体店造成了致命打击。发展电商营销模式依靠的是爆款、流量和转化率。

第三次营销模式的变化是微信这个即时通信平台向商业化方向的转化，微信进入了电商领域，并且与淘宝进行竞争。这一营销模式的特点有以下几点：一是O2O，就是线上与线下结合起来；二是SoLoMoCo，即社会化（Social）的、本地定位服务（Local Based Serves）的移动（Mobile）商务（Commerce），在这方面微信独占鳌头；三是LEC（Local EC），就是为本地客户服务，也可称为社区服务，为社区进行最短距离的深度服务；四是全天候24小时销售，这在移动互联网时代成为可能。移动互联网的出现对营销模式是一场革命、一种颠覆，新的营销模式不断出现，老的营销模式不断被淘汰。在这个时期，只有不断创新营销模式，企业才能生存。

有一个销售女装的企业已经有了20多年的品牌历史，在传统营销时代，他们开设的专卖店和商场专柜有2000多个。这也是他们一直引以为傲的优势和资本。但是在电商时代，企业却出现了业绩下滑。

痛定思痛，该企业决定在营销模式上转型，试水移动电商。他们申请了微博和微信公众号，虽然做了很多努力来吸引粉丝，但是转化率却不高。2015年，央视"3·15"活动曝光了一些微商的假货，这对这个具有20多年历史的品牌是一个机会。他们开始在线上招募代理，没想到一下火了起来，当月的业绩就超过了2014年整年的业绩。

随后，企业抓住这个机会，实施全员开店策略，首先从内部员工开始，员工只要开店就可以一键分销商品，商家把用于广告推广的费用省下来，作为分销商的利润。员工们纷纷开店成为分销商，现在企业拥有了将近30万分销商。在移动互联网时代，这一营销模式获得了成功，商家和分销商都获得了收益。

上面这个案例说明，当传统的营销模式不再适合企业的经营时，就要及时做出改变。这家企业的传统营销模式做得相当成功，但是随着移动互联网时代的到来，新营销模式对传统营销模式造成了冲击。这家企业在营销模式上能够跟上时代步伐，及时做出转型，是明智的选择。

随着社会经济的发展，企业的营销模式也要随着技术发展和消费趋势变化做出改变。世界上没有一成不变的事物，企业的营销模式也是如此，要根据行业的特点及时做出改变，才能与时俱进。当然，这也并不是说传统的线下营销模式已经过时，线下营销模式也有其自身的优势。只有把线下营销模式与线上营销模式结合起来，才能达到最好的营销效果。

不换思维就会落后

随着互联网的发展，很多人都知道网络营销的优势，也想在网络营销中分一杯羹。网络营销虽然很流行，但是，其营销模式也在不断变化。如果采用固有的营销模式一成不变，不但不能盈利，而且可能因烧钱而亏本。所以，随着营销模式的变化，营销人要改变营销思维。

例如，很多人一开淘宝网店就想迅速打开销路。他们的一般做法就是找刷单平台，刷销量、刷好评。然而，随着淘宝规则的变化，这种方式越来越不灵了。虽然前几年有人靠刷单把店铺做起来了，但是淘宝规则一变，这种做法就玩不转了。但仍有很多人迷信这种方法，结果钱没少花，效果却越来越差。有的被淘宝小二抓到后被降权，严重的甚至被封店。我有一个朋友开始也是这样做，后来我给他出了个主意，他的店铺在短短几个月内就做了起来。

我这个朋友开了一间卖茶叶的门店，但实体店的生意普遍不好，他也是勉强维持而已。后来他发现别人开淘宝店很挣钱，于是他也开了一个。他的货品齐全，并且价格实惠，但是开了一个月却一单也没有成交。他就找刷单平台的刷手进行刷单，虽然钱没少花，但效果仍然不明显。当他快没信心的时候，问我该怎么办，我告诉他上论坛去发贴子。

我让他找一些茶叶爱好者的论坛，在上面发帖子。我这个朋友多年卖茶叶，对茶叶非常了解。我就让他在论坛上发一些怎么选茶、怎么品茶的帖子，并且隔一段时间更新一次内容。不久后就有人给他留言，探讨茶叶方面的知识。

那时他正好去安徽收春茶，他把自己选茶的过程、品茶的方法等都拍成照片，再加上文字发到论坛里。这期间他和论坛里的茶叶爱好者不断进行互动，并且成了朋友。很快他的店就有了人气，再加上他的茶叶货真价实，得到了消费者的喜爱。他论坛里的朋友也开始在他店里购买一些茶叶，同时也向自己的朋友推荐。

刚开始，他只能接到一些小的单子。由于信誉好、货的质量好、服务又好，他逐步开始接到一些大单子。在半年时间内，他的店铺就火了起来，每天都有很多来自全国各地的订单，他每天都忙得不可开交。他这种营销模式基本上没花钱，却取得了极好的效果，后来他又把营销发展到了微博、微信。

我这个朋友开网店的成功就体现了网络营销的魅力。有好的产品，还需要有好的营销模式去推广，传统的营销模式就是大量打广告，太多太滥的广告已经无法引起人们的兴趣。在网络时代，企业必须改变营销方式，要采用让网民愿意接受的营销模式进行推广宣传，赢得他们的信任，从而把产品卖出去。

然而，再好的营销模式也只是一种手段和方法，最重要的还是产品质量要好、服务要好，这样才能使客户信任你，成为你的回头客；否则，只是一锤子买卖，最终客户也会抛弃你。但是，再好的产品，如果没有合适的营销方式，也不可能快速地占领市场，如果营销方式合适，再贵的东西也能卖出去，即使是很昂贵的奢侈品也能实现网购。这在十几年前是不敢想象的，谁敢在网上购买那么贵的东西！

奢侈品在网上专卖，就是基于营销模式的转变。以前奢侈品只在专卖店里出售，在互联网时代，奢侈品也一改传统营销模式，开始了网上销售。

国外有一个新兴的奢侈品网购网站，网站的创始人创办网站的时候没钱进货，他就想了一个办法。他前往世界各地的工作室和时尚展厅，恳求设计师们将他们的作品放到他的网站上售卖。他能做的就是向他们承诺他将在网上尽全力推广这些品牌。他并不是吹嘘，他真的在网上尽力地推广这些品牌，并取得了很好的效果。几年后，世界上著名的品牌基本上都出现在他的网站上了。

为了更好地销售产品，他采用了电子邮件营销策略：每天上午给会员们发一封电子邮件，把今天要抢购的商品照片发给他们，到中午12点的时候开始抢购。到了11：59分时，网站的同时在线访客就会达到几万人，都在等着12点开始下手。采用这种方法，通常他列出的商品会在一个小时内被抢购一空。

从这个案例中可以看出，奢侈品网站的创始人一开始并没有钱，但他却成功了，原因就是他利用了网络营销模式。这个购物网站采用的电子邮件营销模式是在会员认可的前提下进行的一场目的性极强的营销。在对奢侈品与互联网的关系的调查中，有超过三分之一的消费者认为"新型广告"是推广的有效途径，例如在网站上播放网络短片。有超过五分之一的消费者认为通过社交媒体或软文推广效果更好。在互联网上传播信息的成本很低，即使出售的是昂贵的奢侈品。这个案例也让我们看出，通过改变营销模式，再昂贵的东西也能在网上进行销售。

随着消费者消费行为的变化，营销模式也要发生相应的变化。现在很多消费者习惯网上购物，那么企业的营销模式就要采用相当的网络营销模式；有的消费者喜欢玩微博，企业就要开展微博营销策略；有的消费者喜欢用微信，企业就要开展微信营销策略……消费者消费行为的变化也反映着商业模式的变化，营销模式也要随之变化。只有善于改变营销思维，你的营销模式才能不落后于时代。

不是产品不好卖，是营销模式变了

俗话说"酒香不怕巷子深"，好货不愁卖，但是随着互联网的发展，好产品已不再是销路的必然保证。因为现在市场上的产品同质化严重，好产品并不一定能成为畅销品。很多企业都吐槽生意不好做、产品不好卖。但是，我们根据观察可以发现，事实上并不是产品不好卖，而是营销模式变了。

在互联网时代，新型的营销模式已经颠覆了传统的营销模式。传统的线下营销模式是依靠代理商、分销商、专卖店等，经过好几个环节才能到达消费者手里。而现在的线上营销模式可以从产品的生产厂家直接到消费者手里，这就是互联网对营销模式的改变。所以，企业要想把产品卖好，把产品做好是根本，此外还要创新营销模式，用互联网思维改造营销模式。有一个农村小伙子用互联网思维卖馒头，一年时间就开了20家连锁店，他是怎么做到呢？

小王是一个农村小伙子，在城里开了家馒头店，主要经营手工馒头。他的馒头既好看又好吃，他卖一元钱一个，十元钱十二个。在生意好的时候，他一天能卖一两千个，生意不好的时候也卖四五百个。生意不能说差，但是他仍然不满意。

小王头脑灵活，后来他接触到互联网，决定用互联网思维来卖馒头。

他是这么做的：

（1）他在馒头店里增加了销售豆浆的业务，只要在他店里购买豆浆，馒头就五角钱一个。一杯豆浆的成本是三角，他卖一元。这样每天能卖三千个馒头和三千杯豆浆。在互联网营销上，这叫关联营销。

（2）后来他又规定，只要购买豆浆，馒头免费送。这在营销上叫免费战略。

（3）小王的生意很快火爆起来了，顾客越来越多。馒头做不及了，他就购买了一台专做馒头的机器。他规定，在他店里买豆浆的顾客可以自己做馒头。

（4）过了不久，来的顾客更多了。小王又规定，只要是老顾客，排队时会给其提供凳子和遮阳伞。这在营销上叫增值服务。

（5）小王又开展了订购业务，只要顾客订一年豆浆，小王就允许顾客优先购买豆浆。这在营销上叫会员制。

（6）生意越来越好，小王原有的店铺明显不够用了，他就把隔壁的门面也租了下来，然后打通与原有店面连为一体。这在营销上叫平台战略。

（7）小王租下隔壁的铺子后并不卖馒头豆浆，他卖的是油条稀饭。这在营销上叫丰富产品体系。

（8）随后小王又找人写了一篇文章，介绍他免费送馒头的事迹并发布到网络上。这在营销上叫软文推广。

（9）由于顾客不断增多，小王决定开设连锁店。开设连锁店需要资金，为了筹集资金他用了以下方法：融资、找银行贷款、P2P、向亲戚朋友借钱。他还发起了众筹，承诺顾客只要借给他钱，他会送一份咸菜。

（10）新开的连锁店，小王用了比较高档的餐具，并且装修豪华，但是馒头的价格要比老店的贵五角钱。这在营销上叫服务差异化。

（11）小王的生意越来越好，别人看到开馒头店能赚钱，在同一条街上又开了好几家。于是小王改变营销模式，规定馒头可以随便拿，并且拿一个馒头还倒贴两角钱。这在营销上叫补贴。

（12）由于小王的店里顾客多、人流量大，一些商家来他店外发广告传单，小王就按一天两万元的标准向他们收费。

（13）不久后，小王开发了App，客户在家下单后，馒头豆浆可以送货上门。这在营销上叫OTO。

（14）为了更好地掌握客户，小王对每个客户的资料、消费情况、意见和建议等进行收集。这在营销上叫大数据战略。

这样一来，小王的生意越做越火爆，他不仅卖豆浆、油条、稀饭，而且收广告费，并且开设了20多家连锁店。他的店里只有馒头不要钱，其他都要钱。这就是小王经营的"互联网+"馒头店。

这个段子虽然带有调侃的意味，但是说明了在互联网思维下营销模式是不断变化的。营销模式是销售的一种手段和方法，不同的营销模式会取得不同的营销效果，目的就是为了吸引顾客前来消费。在互联网思维下，营销模式可以说是千变万化，这也是人们在互联网时代的冲击下对思维模式、思考方式的一种变革。互联网思维是一种非线性的思维模式，平台化、草根化、社区化是互联网思维的精髓。

一些产品滞销就是因为没有选对营销模式。2015年，很多火龙果产地出现了火龙果滞销的情况，而佛山一家火龙果种植基地的火龙果却是供不应求。因为很多火龙果种植基地还是采用传统的营销模式，等着批发商上门收购，而佛山这家火龙果种植基地选择了电商渠道，在线上打造品牌，线下与酒店、旅行社结盟，让它们都成为旅客的体验点，吸引了大量客流。在2015年该种植基地在线上就销售出火龙果13万斤，在2016年的线上销售量达到30万斤。

　　该种植基地除了开微店、淘宝店，还和快递公司合作拓展线下的销售网络。他们走的是"农业电商+绿色旅游农业"的模式。在这种模式下，当别家的火龙果出现滞销的情况时，而该种植基地却取得了惊人的业绩。

　　由此可以看出，没有不好卖的产品，只有没选对的营销模式。互联网时代产生了网红经济和粉丝经济。网红因为有大量的粉丝，所以网红所做的广告、所推荐的产品往往能带来很大的销量。所以，在互联网时代，只有用互联网思维做营销、找到适合自己产品的营销模式，才能使企业的产品真正实现"酒香不怕巷子深"。

如何找到你的客户

营销的任务之一就是找客户。在传统的营销模式中，产品是通过经销商、代理商等一直到专卖店、商场专柜等零售终端，直到最接近客户的地方。这种营销模式是通过大量做广告、销售人员到处拉业务，然后在门店里坐等顾客上门来完成产品的销售。传统营销模式的缺点是客户知道有这种产品但不知道去哪里购买；有的产品本地没有货，客户还要到外地去购买；营销人员也没有精准的营销目标，只是普遍撒网，进行盲目的信息投放。

传统的营销模式使客户与企业之间的联系通道被层层阻隔，使客户不能方便地找到适合自己的产品，而企业也不能与客户直接进行沟通和交流。这就导致了企业无法清楚地知道客户对产品使用效果的满意度，也无法对客户进行跟踪调查，更无法对客户的反馈意见进行调整。

互联网技术的发展，让PC互联网、移动互联网深入到了人们的生活当中。网络和物流行业的快速发展，使企业和客户能够绕过中间环节直接取得联系，这就为全网营销找到客户奠定了基础。面对数量庞大的网民，企业如何精准地找到客户呢？

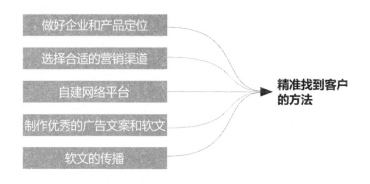

1.做好企业和产品定位

给企业和产品做好定位是营销的基础，搞明白企业是做什么业务的、产品适合哪类人群，才能准确选择营销渠道和客户群体。那么，如何做好企业和产品的定位呢？企业分为生产型企业和服务型企业，清楚了企业定位，就可以根据企业的定位来选择营销渠道，是通过本地化的渠道开展业务还是通过全网进行营销，这些问题都会有答案。例如本地服务型企业可以通过本地的网站，如论坛、贴吧等进行营销，而生产型企业则可以选择大型的B2B网站进行营销。

对产品定位，就是明确企业的产品是实物产品还是虚拟产品，适合产品的客户群体是哪一类人。有了产品定位就有了营销目标，营销人员就可以对这类人群开展有针对性的营销活动。因此，做好企业和产品定位是寻找客户的关键之一。

2.选择合适的营销渠道

很多企业在做产品营销的时候不知道选择什么样的营销渠道。使用传统的营销渠道成本太高，并且效果是不确定的。而全网营销不仅能大大降低对产品的宣传成本，而且能使产品与客户的需求相匹配，使企业直接面对客户。

那么全网营销的渠道有哪些呢？下面对一些常用的全网营销渠道进行归纳、整理：本地营销渠道主要是微信群、QQ群、本地的贴吧、论坛等；

分类信息网主要有58同城、赶集网、百姓网等；B2B平台主要有阿里巴巴、慧聪网、世界工厂网、中国制造交易网等。全网营销的渠道众多，企业要根据自身和产品的定位选择合适的渠道，这样才能与客户完美接触，取得事半功倍的效果。

3.自建网络平台

网络技术的进步也为企业自建平台提供了方便。企业可以通过自建网站、企业的微信群、公众号、企业的论坛贴吧等渠道，把企业制作的广告、软文等发布上去，以吸引客户。它们的作用主要是对潜在客户起到一个引导作用。

4.制作优秀的广告文案和软文

优秀的广告文案和软文不仅能吸引潜在客户的关注，而且具有传播功能。我们在网络中常看到很多企业的广告都是说"产品质量好、价格便宜"等，然后留下联系电话就完了。这样的广告会让多少人心动呢？什么样的广告或软文才能吸引到客户呢？广告和软文最基本的写作诉求是能帮助客户解决问题，例如"怕上火就喝王老吉""今年过节不收礼，收礼就收脑白金"，王老吉就是解决人们吃香喝辣怕上火的问题，脑白金就是解决人们送礼时面对众多的礼品无从选择的问题。

5.软文的传播

软文制作完成后发布在微信群、朋友圈、企业网站上面，并且植入关键词、微信号、企业网址等，让感兴趣的客户能方便地找到产品。

总之，全网营销就是多渠道、全方位的全网覆盖的营销模式。全网营销能利用多种渠道与资源，使企业的产品和品牌覆盖到各行各业和几乎全部的互联网用户，能最大限度地开发潜在客户。在全网营销时代，不必担心自己的产品"养在深闺人未识"，多渠道的传播方式能让产品接触到更多的消费者。

网络是工具，看你怎么玩

马化腾在一次演讲中表示，互联网本身是一个技术工具，是一种传输管道。他说："我认为，我们干的这一行（互联网）就是一个工具，这个工具应该所有行业都可以用。所以，当时我打了一个比方，类似于两次工业革命，像蒸汽机和电力一样，我们把它（互联网）定义为第三次工业革命的一部分。"

不仅做互联网行业的马化腾这样评价网络，就是做传统产业的格力电器董事长董明珠也认为网络是工具。董明珠在2014年夏季达沃斯论坛期间接受记者采访时说："传统产业在互联网时代最大的改变，就是效率和服务方式发生了变化。互联网产生新的工具，让企业更快速地面对市场和服务。"

董明珠认为，互联网能让传统企业更好地提供服务。她举例说，格力之前在做售后服务时都是接到客户投诉后上门，维修人员检查之后发现不是产品的质量问题，而是没有安装好，于是还得回去拿配件。这么做既费时又费力。董明珠说："现在有了互联网就非常好，我在珠海就可以看见所有产品运行的状况，我们可以提前预知产品是否发生质量问题，感觉有异常的时候我们就要派人上门去，不等消费者发现就要提前解决问题。"所以，董明珠也认为互联网是一种工具。

网络这个工具对是大众开放的，谁都可以用，只要你有好的创意，就可以通过互联网这个工具实现自己的梦想。李彦宏希望通过技术改变世界、改变生活，创立了百度；马云想让天下没有难做的生意，创立了阿里巴巴；马化腾按照即时通信的想法，创立了腾讯公司。这三家互联网企业如今被称为BAT，它们的创建都是依靠了互联网这个工具。其实，很多新兴起的互联网公司都是利用互联网工具做起来的。现在，PC互联网、移动互联网的红利期已经过去，再想创立像BAT这样的互联网企业几乎是不可能的。在这种情况下，企业要做的就是根据自己行业的特点，利用网络或者互联网公司开发出产品，为自己服务。

对企业来说，最重要的是利用网络做好营销。现在做营销的网络工具很多，如微博、微信、直播等。网络工具是不缺的，就看企业怎么运用它们。网络工具运用得好，不但能为企业创造巨额利润，而且能为企业进行有力的宣传。

赵薇导演的电影《致我们终将逝去的青春》就成功运用了网络营销的力量，使这部电影获得了空前的成功。在电影创作初期，赵薇就带领一众明星以及亲朋好友在社交网络上高调地互动，把参演电影的演员阵容呈现出来，让微博用户也参与进来，转发、评论，从而影响到更多的人。这种营销传播方式使人们对这部电影有了先入为主的认识，并对电影有了期待。

电影创作的宣传方为了将影片的信息传播出去，利用了三种营销效应。一是明星效应。先是邀请王菲演唱电影主题曲，使电影迅速得到人们的关注；随后，赵薇又借助黄晓明制造话题，和"青春"主题相呼应。这时网络上出现了这样的段子"有一种感情叫赵薇黄晓明"，人们甚至利用影片中的台词制造热点话题。二是粉丝效应。粉丝的力量是惊人的，网络营销取得成功定是拥有大量的粉丝，《致我们终将逝去的青春》电影的成功宣传就是利用了粉丝的力量。所以有人说："这些明星拥有很多粉丝，他们在微博上与赵薇的互动，对电影带来的宣传力度无法估量。"三是共鸣效应。电影在上映后，其怀旧风格迅速引起了人们的共鸣，怀念青春一时间成了网络上的热门话题，激起了每一个人对青春的回忆，人们似乎在电影中找到了自己的影子。

电影《致我们终将逝去的青春》的成功是利用网络进行营销的经典案例，也是网络营销的魅力的展现。古人说，"工欲善其事，必先利其器"。网络是现代营销的利器，是一个好工具，就看你怎么利用。拥有数量庞大的粉丝、制造热点话题，都能形成巨大的传播效应，并且这种效应具有爆发性，一旦传播开来甚至可以引起全社会的关注。

网络营销影响范围大、成本低，如果运用得当，能取得意想不到的效果。当年奥巴马竞选美国总统时也利用了网络工具，从而赢得了总统选举，奥巴马也因此被人们称为"互联网总统"。

奥巴马在竞选美国总统时，他的竞选团队利用互联网迅速且几乎零成本地招募到遍布全美国的志愿者队伍。同时，他的竞选团队还通过网络和社交媒体向选民们推广奥巴马的个人形象。利用互联网，不但节省了昂贵的电视广告费用，而且能让选民随时随地了解总统候选人。

用奥巴马竞选团队的话来说，选择什么工具不是重点，重点是如何使用工具。奥巴马竞选团队就是选择了互联网工具，接触到了最多的选民。并且，奥巴马竞选团队把他们制作出的奥巴马个人信息放在选民面前，不需要选民自己费力去了解候选人和选举，选民们只要按照互联网上提供的信息操作就可以支持自己心仪的候选人了。

在奥巴马竞选美国总统期间，互联网发挥了极其重要的作用。他的竞选团队通过互联网积累支持自己的选民，不仅聚集了人气，而且名利双收。互联网传播信息的速度是任何报纸、杂志都不能相比的，奥巴马竞选团队就是利用这一点与选民进行互动。同时，奥巴马竞选团队还利用了电子邮件营销，也取得了很有效的营销效果。另外，他们还利用了视频广告、植入式广告、搜索广告等营销方式，使奥巴马迅速成了引人注目的"网络红人"，为他竞选成功奠定了基础。

无独有偶，在2016年的美国总统选举中，特朗普也是利用社交媒体获得支持并战胜了竞争对手希拉里。网络是现在很先进的传播工具，如果运用得当，它能把你需要向外传播的信息快速地、大范围地传播出去。但同时，负面的信息也能被无限放大地向外传播。总之，网络只是工具，在全网营销时代，就看你怎么使用这一工具了。

05 第五章 全网营销优势——
零成本营造口碑

　　马云说，对企业来说，"口碑"的重要性远远大于"品牌"。因为，如果消费者对企业的产品或者服务很满意，他们就愿意告诉别人，这样就会一传十、十传百，一旦形成口碑，力量将是巨大的。对企业而言，营造口碑，让人们口口相传，无疑是最好、最廉价的广告形式。然而，在传统的营销模式下，企业营造口碑不仅速度慢，而且需要花费不小的代价。但是，全网营销几乎可以零成本地营造口碑。

全网营销：营造口碑的加速器

　　口碑在对企业和企业产品的传播方面具有巨大的能量，然而口碑是靠人与人之间的口口相传来扩散，传播速度较慢，并且口碑传播还受制于家庭与朋友的影响、消费者的直接使用经验、大众媒介和企业的营销活动。所以，传统营销模式营造口碑的过程比较缓慢，需要投入大量的资金做营销活动和广告宣传。同时，口碑在传播过程中还受地域和社交圈子的限制，传播范围有限。

　　然而，随着互联网的兴起，微博、微信、直播等各种社交网络的诞生，为口碑的营造和扩散提供了大众基础。在商业传播极其昂贵的现代商业环境下，通过全网营销几乎可以零成本营造口碑。在这种情况下，企业可以通过社交网络对目标受众设定话题，让目标受众按照企业设定好的话题进行自动传播。下面来看两个案例：

案例一：

　　支付宝推出的"十年账单日记"一时间在朋友圈里被刷屏，但是这个模块在微信中无法直接打开，尽管如此，还是有很多人愿意绕开微信在浏览器中打开。为什么这么多人愿意传播这个信息，并且传播得如此之快呢？

　　这是因为支付宝的"十年账单"瞄准了人性中攀比、炫耀的痛点，形成了话题，并引发了大规模的讨论。现在的社交网站、社交媒体这么发达，一个适合传播的话题能吸引很多人参与讨论。这无疑对支付宝起到了宣传作用，让更多的人了解支付宝进而使用支付宝。

案例二：

韩寒导演的电影《后会无期》也是利用微博进行营销的典型。在《后会无期》整个拍摄和宣传期间，韩寒一直用他幽默犀利的语言在微博上发布段子，并且时常与网友互动，甚至不惜自黑。所以，他的微博一直持续受到关注。

在电影上映前两个月，韩寒发布了这样一条微博："后会无期，相聚有时，7月24日上映。"这条微博在24小时之内就获得了33万次的转发、9万条评论。在电影上映前，韩寒又在微博里发布了由朴树演唱的电影主题曲《平凡之路》的MV，没想到这条微博瞬间掀起浪潮，被转发超过40万次、评论超过12万条。微博成了《后会无期》这部电影上映前最有力的宣传工具。

《后会无期》这部电影在韩寒的微博宣传中形成了口碑，上映后票房超过6亿元，并超过了郭敬明的《小时代3》。韩寒这部电影获得的巨大成功是和微博营销形成的口碑分不开的。

从上面的两个案例可以看出，网络时代的信息传播速度、传播范围、引起的关注度是传统营销模式不能比的。话题制造能让社交网络变成了一个口碑传播的出发点，再加上人们的心理作用和粉丝效应，更加快了口碑的传播。

由口碑传播而引导的销售行为是非常有力度的，这与企业传统的打广告相比，优势显而易见。因为这一传播过程是基于社交圈子的，同一社交圈子里的人往往具有相似的认知和消费理念，所以社交圈子的关系越强，传播的效果越好，销售转换率也越高。

我有一个朋友，她在新房子装修好之后对要购买什么样的家具、电器很苦恼。市场上的家具电器品牌太多，是选择国产的还是进口的，她一直拿不定主意。她在微信朋友圈里说出了自己的烦恼后，有很多朋友给她出主意。我也提出了自己的意见，给她推荐了一款国产品牌。在以后的微信聊天中，她一直问我这款品牌的性价比和质量情况，我就把自己使用这款品牌的体验告诉了她。她后来又问我一些家电的选择建议，我都把自己的体验告诉了她。她的房子收拾好后邀请我去她的新居做客，我发现她的家具、家电基本上都是我给她推荐的。

这个例子说明，朋友之间或同一个圈子里的人对口碑的传播效果真的很大。人们信任朋友，进而相信朋友推荐的品牌，将来可能还会向他们的朋友进行推荐。像这样的情况可能每个人都经历过，在购买一样东西时我们不知道选择什么品牌才好，这时朋友的意见往往会起到决定性的作用。

在网络时代，口碑传播的速度得到了解决。像我这个朋友一样，她在微信里发一条消息，很多朋友都会给她一些建议。如果她将来对产品的体验好，她也自动会加入这个产品口碑传播的队伍。这就像扔在水塘里的石子形成的涟漪一样，会迅速地向外传播，越传范围越大、距离越远。

传统的口碑传播受制于空间和时间的限制，传播的范围有限。而互联网口碑传播的速度非常快，传播的范围也不受限制。特别是社交网络出现之后，传播的人群更广泛，因为这种友际传播被全面强化，使口碑传播在社交网络上得以爆发，传播的速度自然就快。

但是我们也要知道，口碑传播的速度是一把双刃剑。好的口碑能快速传播出去，坏的口碑也一样能快速传播出去。坏的口碑带来的杀伤力是巨大的，它能使一个人身败名裂，也能毁掉一个品牌。所以，在互联网时代，对好的口碑要助其快速传播；对于坏的口碑，要将其消灭在萌芽之中。

然而，企业也应该知道，消费者对产品或服务的体验超过预期时才会感到满意，但是消费者满意并不一定就会自发地进行口碑传播。只有收到的口碑信息与自身的消费经历相符合时，消费者才会产生口碑传播的冲动。所以，企业就要想方设法触发消费者的这种冲动。具体怎么做呢？就是要制造话题，使话题通过社交网络传播出去，将自己的口碑信息嵌入到话题中去，让更多的人看到并参与话题的讨论。这样不仅可以让消费者产生共鸣，而且能吸引更多的人来参与讨论，无疑会促进口碑的传播。

没有什么比口碑更重要

　　全网营销的理论有很多，例如饥饿营销、内容营销、微博营销等，但是再多的理论都离不开一点，那就是"口碑"。对于产品，人们传播也好、购买也好，归根结蒂还是口碑决定的。无论是从朋友那里听来的，还是受到产品广告的影响，还是受到某些专家或者网红的忽悠，总之都是受到了口碑的影响。也许有人会说，我购买东西看的是品牌，那么品牌是怎么形成的呢？如果口碑的影响力和产品的质量都名符其实，就会形成品牌。所以，最终决定消费者购买哪样商品的其实还是口碑。

　　口碑对企业营销来说实在太重要了，没有什么比口碑更能打动人。古人说的"有口皆碑"包含两层意思：一是口碑来自于群众；二是形成共识。也就是说，口碑不是强加给谁的，是人们形成共识后的自愿传播。对企业来说，产品的口碑越好、传播的人越多，知道产品的人就越多，购买的人也就相应越多。因此，产品有一个好口碑，营销推广起来就会更加方便和高效。

　　在淘宝上有一个主营服装和时尚用品的小店，这样的小店在淘宝上有千千万万个。这家淘宝小店的掌柜"水煮鱼皇后"，是一个年纪轻轻的女孩。淘宝店虽小，可是这个女孩可以月入两万元，因为她的网络人气很高。对于这个集美貌、智慧、财富于一身的女孩，网友们封她为"淘宝第一美女"。

"水煮鱼皇后"的"月入两万、淘宝第一美女"的定位形成了全方位的口碑。阿里巴巴、酷六、全球购物资讯网等众多媒体纷纷邀请她做专访报道；土豆网、新浪播客邀请她参加新春节目。经过媒体报道之后，网友也热烈地讨论她的事迹，并形成了话题。她迅速有了很多粉丝，她的铁杆粉丝还主动为她布置维护个人贴吧。"水煮鱼皇后"可以称得上是淘宝的品牌形象符号，同时，也吸引了更多的买家、卖家登录淘宝进行交易。

"淘宝第一美女"的口碑不仅让"水煮鱼皇后"名利双收，而且成了淘宝的品牌形象。在网络时代，"美女牌"已经泛滥，有的人为了出名、为了博眼球，不惜毁三观、越底线。而"水煮鱼皇后"不搞怪、不出丑、不脱衣、不哗众取宠，却仍然能够脱颖而出，这是什么原因呢？这是因为淘宝店主最在意的就是收入，"水煮鱼皇后"月入两万元这个宣传点自然能够吸引人们的关注，再加上她的正面形象，就形成了良好的口碑。

在营销领域，人们经常说"金杯、银杯不如消费者的口碑"，这是千真万确的。良好的口碑是消费者对产品的最高褒奖，口碑也是所有产品宣传中最能让人信服的方式。因为，口碑的宣传都是亲戚朋友间的自然推荐，没有任何商业利益。在产品营销上，一次性的消费叫推广，而能够吸引回头客并对客户产生黏性主要靠口碑。

马云说过，对企业来说，"口碑"的重要性远远大于"品牌"。也许有人觉得，产品获得口碑比较难，而形成品牌则比较容易。其实这种认识存在误区，因为凡是能花钱买到的都是名牌，名牌很容易获得，只要花钱大量做广告就行了。而品牌则是不容易得到的，这不但需要口碑的积累，而且需要产品品质的保证。有名气的牌子与有品质的牌子是有高下之分的，因此口碑对于企业非常重要。

无论是对大企业还是小企业，甚至是对个人来说，口碑都是非常重要的，因为口碑是别人了解企业、产品或者个人的重要途径，并且口碑往往来自于最熟悉的人，所以人们更容易相信。口碑一旦形成，它的力量是巨大的，可以说具有爆炸性的威力。

19世纪美国加利福尼亚州有一个出版商，他用自己的积蓄购买了一些金粉装在瓶子里，来到大街上。他一边挥舞着瓶子，一边呼喊"金子，金子，在美国河"。他这一声呼喊迅速传遍了美国，更传遍了全世界。

淘金的人蜂拥而至，一股淘金的移民潮开始兴起。在短短三个月内，美国河边的这个小镇人口由500人增加到了25000人。其中有很多华人被贩卖到这里挖金矿、修铁路，这里很快就成了美国淘金热的中心。这个地方就是中国人所熟知的旧金山。

事实上，美国河并没有淘不尽的金子，很多人的淘金梦都碎了。只有一个人实现了淘金梦，这个人就是那个出版商。整件事情就是他导演起来的，他做这件事情并不是为了去淘金，而是为了卖淘金的工具。在他宣传"美国河有金子"之前，他就把小镇上的铲子、漏子等工具收购一空，当淘金者到来的时候，他把这些工具高价卖给他们。这个出版商成了淘金热中诞生的第一个百万富翁。

从上面这个案例可以看出，尽管这件事是一个骗局，但是却显示出了口碑的力量。当一个口碑形成以后，它就会像病毒一样传播，不是某一个人能控制得了的。它会形成二次传播、三次传播，形成一个强大的口碑效应。

从古至今，商家都非常重视口碑营销，商家讲诚信、讲信誉都是为了树立良好的口碑。"酒香不怕巷子深"更是口碑营销的真实写照，良好的口碑是商家树立品牌的基础。在网络时代，信息传播速度极快，维护品牌形象也是极其不容易的。所以，企业要保持正面的形象、营造良好的口碑，才能使企业的营销顺利开展。

杜绝虚假口碑

口碑营销受到很多企业的重视，大多数企业都是积极营造真实的口碑来对企业和产品进行宣传。但是，也有一些企业为了一己之私利，不惜制造虚假的口碑来欺骗消费者。这些企业可能在短时间欺骗了一部分人，但是不能长时间欺骗所有人。虚假的口碑一旦暴露，必将是搬起石头砸自己的脚。

毁掉一个口碑要比营造一个良好的口碑容易得多。特别是在互联网时代，信息无孔不入，并且网上不乏"吃瓜群众"，如果这些人跟着起哄、推波助澜，好的口碑会被他们传播出去，坏的口碑肯定也会被他们无限放大并传播出去。如果企业在前期口碑做得很好，传播也很广，但是后期产品的品质却出了问题，之前树立的良好口碑也会被消费者认为是虚假口碑。这样产品可能只会火爆一时，最终还是要陷入四面树敌、销量下降的难堪局面。

企业在实施口碑营销之前，一定要清楚并避免口碑营销误区。有的营销人员还认为"谎言说一千遍，就成了真理"，其实是在自欺欺人。你只能欺骗消费者一时，不可能欺骗消费者一世。对口碑来说更是如此，假的就是假的，说一千遍、一万遍也不会变成真的。消费者都有判断能力，他们可能被蒙蔽一时，但是当他们明白过来之时就是虚假口碑的末日，甚至连企业也会被打翻在地，永世不得翻身。当谎言被拆穿的时候，用虚假口碑营造起来的正向口碑大厦会瞬间倒塌，正向口碑也会一百八十度转向，成为负面口碑，反噬企业自身。

在互联网时代，虚假口碑的例子有很多，这些企业都是想借一时的好口碑捞一把就走。现在的网民吃一堑长一智，对虚假口碑的辨别力越来越强，对虚假口碑已经不感冒，还可能会嗤之以鼻。

微博上曾有过这样一个段子。美国前总统奥巴马的奶奶参加了他的就职典礼，并且当时穿了一件中国品牌的内衣。这件事被称为"奥巴马奶奶的内衣中国造"。

微博上说，在奥巴马就职当天异常寒冷，奥巴马的奶奶特意穿了一件保暖内衣。这件保暖内衣是中国一家企业的慰问团到奥巴马故乡慰问奥巴马的奶奶时赠送给她的。慰问团告诉她说，在奥巴马就职当天，华盛顿的天气会很冷，一定要穿上这套内衣。奥巴马的奶奶答应了，这也是中国品牌第一次出现在奥巴马就职典礼上。

这个段子在微博上并没有火起来。很显然这是一个隐藏着广告的微博，目的就是想推广这个品牌的内衣，想借着奥巴马的奶奶把微博炒红、形成口碑。如果真是这样，这个品牌的内衣自然也就红了。然而，对于这条微博人们只是由于好奇心会看一看，但是并没有产生连锁反应，也没有媒体对这件事进行报道，这个品牌也没有火爆起来。

其实，这种营造口碑的手段早在2003年也出现过。当时球星罗纳尔多来北京时，有家企业通过他的中国经纪人找到他，请他吃饭，并答应给他一笔数目不菲的出场费。罗纳尔多去了饭局后被忽悠着拍了一张拿着那家企业产品的照片。这家企业当时还承诺罗纳尔多只供内部宣传使用，不作为形象代言。让罗纳尔多没想到的是，这家企业拿着这张照片在央视上做广告，一直做了好几年，产品卖得很火爆，企业赚了个盆满钵满。后来，罗纳尔多知道了这件事很气愤，把他的中国经纪人给开除了，并把这家企业告上了法庭。这家企业虽然借着名人效应再加上产品质量可靠，让产品的信誉度和口碑爆棚，但这种借助忽悠名人做口碑宣传的做法虽然一时取得了巨大的经济利益，最终还是会给自己带来麻烦。

像这样的名人被忽悠的例子还有很多，某网游公司开发了一款以三国为主题的游戏，并在其官方微博上发布信息称：将在全国范围内选拔对三国历史了解的名人学者做代言人。然后，该网游公司又发微博声称，著名学者易中天了解了游戏的内容后对游戏大加称赞，称这款游戏真实还原了历史，并且有深厚的文化底蕴，是一款精品游戏，意欲进行合作。这款游戏如果得到易中天的肯定那还得了？肯定大卖。可惜是假的，一切都是这个公司自导自演的。后来，易中天在其博客上发出声明，称对此事并不知情，不负任何责任。这个公司的做法确实有点过分，结果在网上得到了一片骂声、一堆差评，自然也影响到了玩家的选择，其销售情况可想而知。

有句电影台词说得好："出来混，迟早要还的。"随着互联网的发展，网民对事物的辨别能力也越来越强，瞎忽悠一旦被网民识破，必定会带来一片负面评价。现在人们在网上消费很注重好评和信誉，如果企业的产品都是差评，消费者是肯定不会选择的。所以，企业不能伪造口碑，因为一旦暴露将会失去完全的信任，那么口碑也将一文不值，甚至还可能带来负面效果。你的欺骗可能一时得逞，但一旦被识破，你就可能坠入万劫不复的深渊。今天的消费者都非常精明，他们已经不像过去那样只会随大流地跟风消费。他们能够独立思考，如果你欺骗他们，他们就会把你的欺骗行为告诉更多的人。消费者的声音会对企业的产品销售产生很大的影响，能够让那些营造虚假口碑的企业付出惨重代价。

口碑不是病毒营销

口碑营销与病毒营销都是网络营销的手段，但是很多人分不清什么是口碑营销、什么是病毒营销，往往把它们混为一谈。其实它们是有区别的。

口碑营销与病毒营销的目的都是为了提高品牌的知名度和销售业绩，都是以人为渠道，从不同的角度发挥人的主观能动性，让人主动去传播产品的信息与服务。病毒营销利用的是人们天性中喜欢围观、喜欢看热闹的心理，它满足的是"知名度"，是通过高曝光率来达成广泛的认知。这种认知只是让大众知道，但是并不代表让大众认可。口碑营销是利用人们更容易相信熟人的意见的心理，在创建品牌的过程中，通过与客户不断交流将产品的信息传播开来，它满足的是"美誉度"，通过推荐人的消费体验促进人们对产品或服务的信任与认可。

下面分别看两个案例：

口碑营销案例：

当年，利洁时公司生产的滴露牌消毒液在国内大城市销量不错。为了将这个品牌推广到三线城市和四线城市，利洁时公司在电视上大量投放广告。过了一段时间，利洁时公司发现广告费虽然花了不少，但是品牌和知名度提升效果并不明显，其市场业务增长缓慢。在这种情况下，利洁时公司决定利用口碑进行宣传，开展了一个针对母亲影响者的口碑营销活动。

在这次活动中，利洁时公司向4000位母亲影响者发放了48000份样本。这些母亲和她们的10多位朋友每人都会收到一份套装产品。利洁时公司这次所做的活动非常成功，使46%的目标受众关注了滴露品牌，并且使这个品牌在5个月内知名度增长了5倍，购买率也翻了一倍，从21%增长到42%，销售额仅两个月就增加了86%。

利洁时公司通过影响者成功进行了一次口碑营销。所谓影响者，是指那些活跃于社交媒体和博客并能传播你的消息和品牌的人。产品一旦在这些人中形成口碑，那么他们就会成为口碑的宣传者，非常有利于产品知名度的提升。

病毒营销案例：

多芬曾推出过一部名为"我眼中的你更美"的视频短片，其病毒式营销获得了巨大的成功。这部短片的内容是寻找一个答案，就是女性在自己眼中和在别人眼中的容貌有多大差别。因为多芬之前经过调查发现，全世界一半以上的女性对自己的容貌不满意。

在短片中，多芬请来一位FBI的人像预测素描专家，让他和受访女性分别坐在一张帘子的两边，并且双方谁也看不到谁。这位专家根据女性对自己容貌的描述勾勒出她的素描画像，然后，这位专家再根据别人对这位女性的容貌的描述再勾勒出一张画像。之后，把两张画像摆在一起比较，结果发现女性在他人眼里比在自己眼里漂亮得多。

这部广告短片产生的效果令人振奋不已，推出仅一个月时间就创造了线上营销纪录，浏览量突破了1.14亿次。这部短片之所以能取得巨大的成功，一部分原因是联合利华公司将其翻译成25种语言，并在其33个YouTube官方频道中播放，在全球有超过110个国家的用户都可以观看这部短片。

同时，由于这部短片打动了消费者的内心，在其推出后短短一个月内就被转发380万次。在两个月内，多芬的YouTube频道就新增了1.5万个订阅用户。由于短片较大的影响力，又引起了传统媒体、广播新闻媒体争相报道，引发了线上的讨论，形成了一个话题，甚至网上还出现了很多模仿者。后来，多芬和广告代理商奥美获得了戛纳国际创意节全场钛狮奖。

从这个案例可以看出，多芬的病毒营销获得了巨大的成功，其原因是改变了消费者对自己容貌的看法。很多人在很多时候需要会称赞一位女性很漂亮，而被称赞的人却可能觉得自己并不是这样，认为称赞自己的人只是客气。这部短片通过实验证实了一个女性的容貌在他人眼里比在自己眼里要漂亮。这不但引发了人们的好奇心，并且人们也愿意传播和分享这样的内容。

这两个案例体现出了口碑营销与病毒营销的区别：

一是概念上的区别。口碑营销是商家利用消费者对产品的良好体验，让其自发地向周围的亲戚、朋友推荐。口碑营销是建立在产品质量的基础上的，只有优质的产品人们才愿意传播，并且口碑营销的可信度也比较高。病毒营销是产品的信息通过快速复制，像病毒一样传向受众。在这种营销方式中，大众只是起到传播作用，对产品的真实信息则了解不多。

二是传播的动机不同。口碑营销是建立在信任基础上的，参与口碑营销的人都是产品的用户，并且获得了良好的消费体验，他们愿意把自己对产品的了解分享给亲戚和朋友。病毒营销则是利用了"羊群效应"，人们只是围观看热闹，对产品的真实信息并不了解，信息传播者只是跟风，并不介意信息的真假。

三是传播的效果不同。口碑营销通过亲戚朋友之间的口口相传，基于的是信任关系，从而使被传播者对产品认可。一旦他们认可了产品，传播的效果就会非常好。病毒营销只是为了在短时间内尽量对产品进行曝光，来提高产品的知名度。

口碑营销和病毒营销都是网络营销的重要方式，它们既有联系又有区别。企业在选用营销方式的时候一定要根据企业的实际情况，具体问题具体分析，千万不可把两者等同起来，否则会影响到企业的营销效果。

口碑营销这样做

口碑营销能给商家带来极大的好处，不但能帮助塑造企业的品牌，而且能提升产品在消费者心中的形象，所以从古至今商家对口碑营销都十分重视。随着互联网的发展，营销的渠道越来越多，但是获得信息的主动权仍在消费者手中。要做好口碑营销，除了产品质量外，还要选择恰当的营销方法。那么，如何做好口碑营销呢？一般来说，做好口碑营销有以下几个步骤：

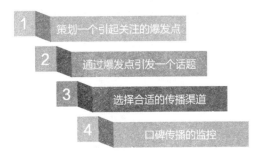

如何做好口碑营销

1 策划一个引起关注的爆发点

2 通过爆发点引发一个话题

3 选择合适的传播渠道

4 口碑传播的监控

1.策划一个引起关注的爆发点

营销活动要想在消费者中形成口碑效应，首先要策划一个引起关注的爆发点。只有这个点引起了消费者的浓厚兴趣，消费者们才会主动关注产品和企业，并且愿意向身边的人传播这些产品信息，这样才有了引发口碑传播的基础。

口碑营销最重要的一点就是要站在消费者的角度思考问题，要围绕消费者的需求做营销策划，想消费者之所想、急消费者之所急，这样才能引起他们的关注。小米通过重构产业链的方式，让小米产品具有出乎意料的性价比，直接引发了大规模的口碑宣传。消费者选购商品时总是希望花最少的钱买到最好的产品，小米在硬件方面和苹果是一个厂商，在软件方面通过跑分软件也跑赢了苹果，再加上超高的性价比，深受消费者的好评。通过口碑传播，小米几乎没花广告费就迅速占领了一部分手机市场。

2.通过爆发点引发一个话题

口碑营销最重要的是让人们乐意口口相传，也就是要让人们自愿谈论。所以，企业要通过引爆点营造一些可谈论的话题，这样才能引起人们的持续关注与传播。例如，富亚涂料公司为证明其生产的涂料环保无毒，策划了一场让猫、狗喝涂料的活动。这场活动广告一出，由于其话题新颖，活动当天就吸引了很多人围观，也吸引了不少媒体的记者。可是在活动刚开始举行的时候，动物保护协会说他们这样做是虐待动物，要把做试验的猫、狗带走。眼看这场活动要泡汤，富亚公司的老板当众喝了半杯涂料。这件事经媒体报道后，一时间成了人们茶余饭后的谈资，"老板喝涂料"的新闻还成为当月的十大经济新闻。此后，富亚公司的知名度越来越高。再比如当年海尔老总张瑞敏为警示员工提升质量砸冰箱的事件，也是一件让人感到不可思议的事情，自然引起了人们的谈论。

3.选择合适的传播渠道

传播渠道的选择对口碑营销非常重要，如果渠道选得不合适，就会使传播的效果大打折扣。随着互联网的发展，传播渠道也呈现出多样化发展趋势，有微博、微信、论坛、博客、直播平台等众多的渠道。凡是人群大量集中的地方都是好的传播渠道。只要引爆点足够吸引眼球、话题足够热，自然能够让大众参与、讨论起来，口碑传播自然就会形成，还能够在不同渠道之间蔓延。

4.口碑传播的监控

要掌握口碑的传播效果，就需要对口碑传播实施监控。因为口碑营销也需要与其他营销手段相配合，那么口碑营销的监控数据与指标要根据不同的传播渠道来确定。例如，通过微信来操作的，就要统计点击量、转发量等；通过微博操作的，就要统计点击量、转载量以及评论的关注点。

同时，对口碑传播的监控除了统计数据外，还要对传播过程进行管控。要及时引导口碑方向，防止出现意外和负面的消息。

以上介绍了口碑营销的基本操作步骤。口碑传播的目的是要在大众中引起轰动效应，但是要想引发口碑效应，策划的口碑内容就要能够打动消费者，与他们产生共鸣。那么，策划口碑营销时应该如何做呢？

1.出人意料

当人们遇到违反常识、出人意料的事情时，才能情不自禁地关注与分享。所以，在策划口碑营销时要做出一些出人意料的事情。例如，前面讲过的富亚老板喝涂料和海尔张瑞敏砸冰箱事件，就是通过出人意料的举动使自己成了人们热议的话题，提高了自家产品的知名度。

2.营造快乐气氛

人们都喜欢快乐、搞笑的事情。网上很多搞笑的段子和短视频得到了广泛传播，就是因为人们愿意分享这种快乐。

3.讲一个好故事

人都有爱听故事的天性，好的故事人人爱听。很多经典的故事之所以能流传下来，就是因为人们乐意传播它。所以，在口碑营销中能讲一个好故事是一种非常好的方式，因为好故事本身就能引起话题。企业的创业故事或是产品对消费者产生了重要影响的故事，都很容易引起消费者的关注。

4.关心消费者

让消费者感动的最好做法就是真正关心他们。人都是有感情的，只要你真正关心他们，他们就会用口碑来回报你。这种例子有很多，前面讲过的美国记者购买索尼随身听的故事，由于索尼公司发现问题后，不计成本地及时解决问题，赢得了消费者的赞美，自然也就形成了口碑。

5.帮助消费者解决问题

知恩图报是人类的一项优秀品质。只要对消费者好、帮助他们解决生活中的困难和问题，他们自然会用口碑来回报企业。麦当劳、肯德基之所以受到人们的欢迎，其中一个原因就是能帮助人们解决找厕所的问题。人都有内急的时候，当在大街上找不到公共厕所时，去麦当劳、肯德基肯定能解决问题。即使你不在那里消费，也没有人阻止你如厕。

6.利益

消费者最关心的是自己的利益，也可以说，消费者最关心的是自己购买的东西是不是足够便宜、是不是能得到实惠。如果商家肯让一部分利益给消费者，让消费者觉得实惠，自然就会受到他们的欢迎。打折商品信息传播得会特别快，就是因为打折商品关系消费者的自身利益。

7.产生共鸣

产品和企业只有与消费者之间产生情感共鸣，才能引起他们的关注。所以，在实施口碑营销的过程中，要营造情感共鸣的气氛，拉近与消费者的距离，从而影响他们。例如，papi酱的短视频因为说出了广大底层青年的心声，所以吸引了大量粉丝。

以上是几种口碑营销的方法，仅供营销人员参考。大家在实践中要大胆创新，想出更好的方式方法。做口碑营销的根本还是要产品质量过硬，口碑还要与企业的品牌结合起来，营造正面口碑，切不可用虚拟口碑欺骗消费者，否则会得不偿失。

第六章 06 全网营销——

渠道为王、终端制胜

有人说"渠道为王"已经过时了，认为现在是内容为王、产品为王的时代。内容为王、产品为王本身没错，生产出优质的产品固然重要，但是再优秀的产品也需要一定的渠道传播出去。无论制作优秀的内容还是打造优秀的产品，都是为了争夺客户。而争夺客户的"战场"在终端，竞争获胜的关键也在终端。

网络广告

　　网络广告就是通过各种互联平台在互联网上做广告，互联网平台就是广告投放的渠道。渠道不同，广告的效果也不同，所以企业在做网络广告时一定要结合自身实际情况和广告特点，选择合适的广告渠道。正确选择广告渠道，才能对产品起到最佳的宣传效果。

　　大家对淘宝网都很熟悉，买东西上淘宝也成了很多人的习惯。目前，淘宝已经成了中国甚至是亚洲第一大网络交易平台，2017年"双十一"当天的交易额就突破了1600亿元。然而，2003年淘宝刚创立的时候，在产品宣传上并不是一帆风顺的，甚至遇到了难以想象的困难。

　　一个新产品出现后想要快速地建立知名度和品牌，让更多人知道并购买和使用，使用网络广告进行宣传无疑是最佳选择。淘宝网当时也想这么做。但是当时在中国的网络零售领域，eBay（易趣）几乎垄断了整个市场，并且易趣还与三大门户网站——新浪、搜狐和网易签订了一份价值不菲的广告合同。这份合同有一条排他性协议，就是不允许其他同类型的公司在这三家网站上发布广告。要知道，当时这三大门户网站在中国的互联网领域是霸主，他们拥有绝大多数的流量。把淘宝这个新出现的购物网站排除在这三家网站的宣传渠道之外，无疑是对淘宝的封杀。

　　但是，淘宝并没有坐以待毙，而是改变了广告策略，"既然大的网站不能做广告，我们就做小网站的广告"。淘宝采取了"蚂蚁啃骨头"的策略，就是以较低的成本在全国成千上万个小网站上投放淘宝网的广告。易趣虽大，但是这么多的小网站也是无法顾及的，要想在网站广告方面全面封杀淘宝也是根本不可能的。

三大门户网站的流量虽高，但并不是所有人每天只登录这些网站。小网站虽然流量少，但成千上万的小网站集合起来的流量也是巨大的。最终，淘宝网依靠这些不起眼的小网站"名扬天下"。

在淘宝网广告宣传的案例中，在迫于无奈的情况下淘宝网选择了小网站作为宣传广告的渠道，取得了巨大成功，最终通过终端制胜。淘宝通过网络广告获得宣传的成功，显出了网络广告的巨大魅力。相对于传统媒体广告，网络广告接触人数多，影响范围大，是中小企业做广告宣传的最佳途径。随着移动互联网的发展，网络广告的作用越来越明显，效果也越来越好。那么，相对于传统的广告媒体，网络广告的特点有哪些呢?

1.传播面积大

传统媒体广告受时间和空间的限制，而网络广告则不受这种限制，因为网络中的信息是靠数据传播的。对于网络上发布的信息，只要人们具备上网条件，都可以接收到。

2.价格便宜

在传统媒体上，报纸、杂志的广告收费是按版面、字数等计价的；电视广告则是按秒收费的，并且广告费用很高。巨额的广告费使很多企业不敢问津，而且投入大量的广告费效果也不一定明显，获得有效客户的成本高昂。相对于传统媒体广告，网络这种新兴媒体的广告费用是很低的。网络广告有的按月收费、有的按效果收费、有的按点击量收费，无论按哪种方式收费，获得有效客户的成本都比传统媒体低。

3.广告形式多样

传统媒体在一定程度上限制了广告的形式，例如，报纸、杂志的广告只能是文字、图片；广播的广告只能是声音；电视广告只能是图像和声音，并且广告的形式和内容都会受到严格的约束，这在一定程度上影响了广告的宣传效果。而网络广告相对灵活多样，不但广告的形式设计新颖，而且客户可以与广告互动，有的广告甚至设计成游戏的形式，使客户在娱乐中接受广告信息。

4.互动性强

传统媒体只是单方面地发布信息，无论喜欢与否，客户都只能被动地接受，厂商也无法得知客户的反应。而网络媒体最大的优势就是互动性强，客户可以和广告有来有往。网络媒体有交互性，客户可以根据自己的需要选择性地接受这些信息，并且可以通过留言表达自己的观点；厂商也能及时掌握客户的反馈信息，并做出相应调整。

5.可以随时更新

传统媒体的广告内容制作好并发布以后，要想改动就不是那么容易了。而在网络媒体发布广告后可以根据需要随时进行更改，成本很低。这对企业来说增强了投放广告的灵活性，可以根据企业的发展需要进行广告的更新和推广，不但降低了风险，而且提升了广告的效果。

6.精准推送

传统媒体广告无法对受众进行分类，受众的不明确也让传统媒体广告无法对客户进行筛选并进行有针对性的投放，这就是传统媒体广告投放精度不高的原因。而网络媒体依据后台的大数据对客户进行细分，通过分析客户的爱好和需求，可以有针对性地向客户推送广告，提高了广告投放的精度。

7.效果在掌握之中

企业无法准确知道传统媒体广告的效果，只能通过不太精确的收视率、发行量来估计。这种没有精确数据的推送无法保证良好的广告效果，也推高了企业广告的成本。而网络广告可以通过后台的数据准确掌握广告的投放效果，例如通过浏览量、点击量、转发量等随时掌握广告的效果。有了这些数据，企业就能知道多少人对广告感兴趣、多少人会消费等。

网络广告是现代营销的重要手段，网络广告的优势也非常明显。同时，网络渠道的选择十分重要，不同的网络平台针对不同的用户群体，企业要根据产品定位和互联网平台的特点选择合适的广告渠道，这样才能获得最佳的广告效果。

分类信息推广

目前，除了大型门户网站之外，互联网也进入了垂直细分领域，并且出现了很多分类信息网站，例如58同城、赶集网、口碑网等。除了这些专业对口的分类信息网站，大型门户网站也开设了分类信息频道，例如天涯、中关村在线等。专业信息网站出现后，有不同需求的企业会选择在这些网站上发布有针对性的广告。

分类信息推广就是利用分类信息网站，发布有针对性的信息，以达到提升品牌知名度和企业形象的目的。对企业来说，这种推广方式成本极低，效果却很显著，所以受到广大中小企业的欢迎。

有一家专门销售二手手机的小公司，由于资金有限，不可能投入大量的资金去做广告。这个公司只有小刘一个推销人员，也没有多少用于营销推广的预算。面对现实情况，小刘经过深思熟虑，决定把广告发布在分类信息网站上进行推广。

小刘首先对同类型的分类信息网站进行比较，最终选择了一个比较著名的IT网站，并在上面申请认证商家。然后，他根据这个网站的特点撰写了有针对性的广告信息，然后每天在不同的时间段登录该网站把信息发布出去。小刘这样做就是要保证在这个分类信息网站的首页要有一半以上的信息是他所发布的。通过这种方法，小刘公司二手手机的销售量只用了很短的时间就在这个网站排名第二。

从上面这个案例可以看出，在分类信息网站上面发布信息操作简单，使用得当就会取得非常好的效果。那么，中小企业应如何使用分类信息网站进行推广呢？

1.选择合适的分类信息平台

现在的分类信息网站比较多，据统计有几百家之多。面对数量如此庞大的分类信息网站，中小企业如何选择呢？

首先，要根据分类信息网站的特点和企业的实际业务需求进行选择。如果业务需求主要在本地，就选择本地的平台；如果业务的行业性比较强，就选择行业性的分类信息网站。由于可选择的平台数量比较多，企业可根据自己的时间和精力选择平台的数量。

其次，对于初步选定的平台要进行测试。就是记录信息在平台上的发布情况，包括搜索引擎的收录和排名情况。看哪些平台的收录做得好、排名靠前，将这些平台保存下来，信息发布情况不好的平台要及时排除。反复测试，直至找到所需要的优质平台。

2.拟一个符合用户搜索习惯的标题

在分类信息平台上发布的信息能否被客户搜索到关键在于标题，只有符合客户搜索习惯的标题才有可能被他们搜索到。做分类信息推广就是利用权重高的分类信息网站平台发布大量的信息，然后从搜索引擎吸引客户和流量。

所以，做分类信息推广首先要研究客户的搜索习惯，要知道用户喜欢什么、需要什么，然后把客户可能搜索的词汇融入标题中。需要注意的是，分类信息的标题不宜过长。

3.原创信息很重要

切记，发布的信息一定要是原创的。因为，搜索引擎喜欢原创的、有特色的、优质的原创内容。优质的原创内容更容易使信息排名靠前，抄袭他人成果和重复使用信息的做法是不可取的。

那么，如何撰写推广信息呢？推广信息的撰写要围绕企业、产品或服务的特点来写，并且信息要有针对性和专业性。因为信息是给客户看的，是要提高转化率的，这些信息必须能打动客户。这样做也是专业性的表现，专业才能让客户产生信任，才能吸引客户。推广信息的针对性和专业性对提高知名度和转化率也大有帮助。

4.广泛发布信息

一般来说，大型的分类信息平台会设置很多频道。为了提高发布信息的效果，最好把信息发布在所有频道上，这样就能提高被搜索引擎搜到的概率。

5.找准发布的时间段

在不同的时间段内，人们登录分类信息平台的数量是不同的，有的时间段登录人数多，有的时间段登录人数少。所以我们要找准信息发布的时间段，实行信息的分时分段发布，这样才能使不同时间段登录的用户看到我们所发布的信息。

6.留下相关链接

在发布的信息中留下相关链接不但有助于流量的提升，而且有助于提升网站的权重。要注意不要只留下自己网站首页的链接，最好还留下产品页的链接，这样对网站的权重提高都有好处。

7.遵守平台规则

每个分类信息平台都有自己的规则，所以，在发布信息前要弄清楚平台的规则，否则不但发布的信息没有效果，而且可能因为内容不合乎规则而被惩罚,结果得不偿失。例如,信息的类别要选对,不然就会被删除;有的平台还会规定链接发布的具体位置,如果不遵守规定也会被处理。那些重复发布的信息即使不被删除,在排名上也不占优势。

8.坚持长期大量地发布信息

由于每天在分类信息平台上发布的信息比较多,所以信息在搜索引擎中的排名也是不固定的,今天排名靠前,可能明天就沉到后面去了。针对这种情况,就要坚持每天发布信息,量要大,越多越好。

分类信息是新一代的互联网广告模式,这种模式更贴近普通老百姓的日常生活。分类信息也称为分类广告。传统媒体的广告是人们被动接受的广告,而分类信息是人们主动去查询的信息。这种人们主动去看广告的方式促进了分类信息平台的发展,中小企业采用分类信息推广的方式进行产品推广,不但能节约广告成本,而且能取得良好的效果。

问答推广

所谓问答，就是你问我答，互相帮助。现在网络上有很多问答平台，例如百度知道、知乎、新浪爱问、天涯问答等。问答推广就是利用这些问答平台，通过回答用户的问题或者通过自问自答的形式进行企业和产品宣传，从而达到提高企业和产品的知名度、提升产品销售量的目的。

这些网络问答平台由于排名好、链接权重高，成为企业青睐的推广渠道。问答推广之所以受到大家的欢迎和广泛使用，主要有以下三个原因：

1.搜索引擎营销效果好

问答平台的权重通常都比较高，在搜索引擎中的排名都比较靠前，因此很多企业都选择问答平台作为搜索引擎营销的重要辅助方式之一。

2.精准

在问答平台寻求答案的用户都是对相关问题感兴趣或是有需求的人。例如，询问如何健身的用户基本上是自己有健身需求或者是帮亲戚朋友询问的。对于这样的用户，通过问答平台进行推广不但有针对性，而且精准度也高。精准度高就意味着转化率高、推广效果好。

3.可信度高

在问答平台中，提问者与回答者互不相识，只是互助关系，不掺杂任何利益关系，完全是用户之间的知识和经验交流。所以，问答平台上的信息可信度比较高，同时也容易形成口碑。

问答推广的这些特点决定了问答推广的有效性。在回答提问者的问题的时候，我们不能像老师回答学生提问一样，而是要有诚意，要像朋友之间的交流和聊天。这样才能获得提问者的好感，达到问答推广的目的。在问答推广中要注意以下几点：

问答推广注意事项

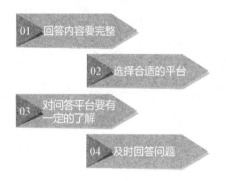

01 回答内容要完整

02 选择合适的平台

03 对问答平台要有一定的了解

04 及时回答问题

1.回答内容要完整

在回答问题的时候，无论是什么样的产品，也不管需要向哪个方向引导，在回答的时候都要表达完整。虽然答案的字数不能太多，但是一定要把问题的要点、疑点表述明白，这样才能让提问者感到答案的真实性。在回答问题时有一点要特别注意，那就是不要使用一些网络热词或者特殊符号，这样会给人一种不正规的感觉。同时，这些特殊的符号也不易被问答平台收录。

2.选择合适的平台

现在的网络问答平台很多，有的营销人员可能认为只要在这些平台上大量地回答问题就能提高产品的销量，其实这种认识是错误的。对问题的回答要专业、要有针对性，这样才能取得良好的推广效果。不分情况地胡乱回答，不仅推广效果不好，而且会引起人们的反感。所以，在选择问答平台的时候一定要慎重，要选择那些有针对性和相关性的平台。

3.对问答平台要有一定的了解

不同的问答平台有不同的规则，也各有不同的适用人群。有的问答平台由于推广的人多，当你回答问题后可能会有人攻击你，说你是广告、是骗子。有的问答平台风格比较单纯，网友对问题的真实性不是太在意，例如搜搜问答。有的问答平台要求比较严格，不允许留电话和网址等信息，例如百度问答。总之，对搜索引擎有一定的了解，就能更好地进行推广。

4.及时回答问题

对于用户提出的问题，不要提出之后就不闻不问了，要及时看看有没有人回答。如果有人回答就及时给予采纳并致谢，如果没人回答就自己给个答案，尽量不要让问题过期。要注意的是，回答问题时在语气上倾向不要太明显，可以先给出一个中立的答案，然后再给出一个肯定的答案。不要一个提问只给出一条回答，还设置成最佳答案。这样的回答不但不专业，关注度也不会太高。

问答营销最重要的是要了解大众的心理，善于进行换位思考，站在大众的角度考虑他们的真实需求，这样才能使提问与回答显得真实，并受到关注。因为回答的问题是面对消费者的，所以在平台上说话要直奔主题，切不可说些没用的话。

现在，问答推广有一个不好的现象，就是营销人员看到了问答中的权重效应就不管什么问题都去回答，甚至是胡乱回答，常常在回答中加入推广链接。这样的行为会受到问答平台的惩罚，轻则会被删除问答页面，重则可能会被封掉IP。问答营销应该立足于为消费者解决实际问题，而不能仅仅为了推广品牌来回答问题，这也是做问答推广营销的基本原则。

论坛推广

在网络上，论坛是一个广阔的交流平台，它以丰富多彩的文字、图片、视频为主要方式交流，为企业进行信息推广提供了宽广的渠道。企业可以通过在论坛上发帖的方式进行推广活动，达到提升品牌知名度、口碑、美誉度的目的。

网络营销有多种方式，论坛推广是出现比较早的方式之一，也是应用比较广泛的一种方式。因为论坛推广技术简单易学、效果明显，所以一直沿用至今。那么，论坛推广的优势有哪些呢？

1.快速提升品牌的知名度

一些知名论坛的用户量非常大，企业如果能把软文帖炒成热帖，就会引起广大网民的关注。网民的传播会大大增加品牌的曝光率，并提升品牌的知名度。

2.投入少，操作简单，效果显著

在论坛上做营销推广成本投入很少，几乎是免费的，并且操作简单，只要发帖、顶帖、回复即可。重要的是帖子的质量要高，也就是软文的质量要高，这需要有深厚的写作功底。如果企业的帖子能在天涯、猫扑等知名论坛上火起来，就会引起其他网络平台的转载，形成爆发性的流量，这对企业品牌的宣传效果会非常显著。

3.适用范围广

对于论坛推广这种方式，可能有人会认为其只适用于电子商务类的论坛，其实不然。无论什么样的产品都可以通过论坛进行推广，并且都能找到目标用户集中的版块发布信息。在其他行业的论坛上，如果在推广时能使用一些正确的方法，同样能取得比较好的推广效果。

4.有利于形成利润转化

一般情况下人们都很讨厌看广告，在网络上一看到广告就直接关掉。但是有一种自媒体却与众不同，基本上它的每一条信息都是广告，但每一条都有人看，并且阅读量都很大，这就是"一条"微信公众号。"一条"之所以能做到这一点，就是因为它的广告很有创意。所以，我们在论坛上做广告的时候也不要那么直白，要有创意、有深度，能引起读者的认同，能在心理上让读者产生共鸣，从而引起购买行为。论坛是一个庞大的平台，只要企业的帖子能引起网民的关注，就有利于形成利润转化。

5.有很强的针对性

论坛推广既可以作为一般的宣传手段，又可以针对特定目标人群进行重点推广。因为在论坛中有不同的版块，每一个版块里都有兴趣爱好或需求点基本一致的人群，企业只要把帖子放在正确的版块上，就很容易获得目标人群的注意。

由于论坛推广具备以上优势，所以一些企业在用论坛推广的方法去推广人们完全不熟悉的产品时，往往会取得显著的效果。

很多人都知道酵母是蒸馒头和做面包的必需品，但几乎很少有人会直接食用酵母。安琪酵母公司开发出了一款可以直接食用的酵母粉，并且具有保健功能。对于这款人们完全陌生的产品，安琪公司在推广策略上没有选择电视广告、报纸广告，而是选择了论坛推广。

为了避免网民对广告帖的反感，安琪公司选择在新浪、搜狐等知名社区论坛上制造话题。当时婆媳关系的影视剧热播，安琪公司据此在论坛策划了"一个馒头引发的婆媳大战"事件，讲述的是婆媳之间关于做馒头发生争执的故事。帖子发出之后引发了网民的热烈讨论，其中就涉及酵母的应用。这时专业人士就在评论区把话题引到了酵母的其他功能上，让人们知道酵母不仅可以蒸馒头、做面包，而且还具有保健美容功能，比如减肥。在人们讨论婆媳关系的时候也记住了酵母的一个重要功效，就是具有减肥效果。

安琪公司为了让这篇帖子引起更多的关注，选择了比较权威的网站，并把帖子推到好的位置。特别是在新浪全站关注度比较高的美容频道的减肥沙龙版块里，该帖子很快就引发了众多网民的关注。在不到两个月的时间里，安琪可食用酵母就获得了较高的品牌知名度和关注度。

安琪可食用酵母之所以能在论坛推广上取得成功，就是因为它不是直接通过发广告进行宣传，而是通过事件营造话题，引发网民的关注与讨论。这种互动不但提高了帖子的关注度，而且增加了推广内容的可信度。还有一个原因就是，安琪有效地把握住了减肥这个时尚主题。

论坛推广这种简便、快捷、有效的方式深受企业的欢迎，但真正做好论坛推广也不是那么容易的。那么，企业该如何做好论坛推广呢？

如何做好论坛推广

1.做好准备工作

做好准备工作就是从以下几个方面了解需求：一是了解推广目的，就是知道自己要做的是什么；二是了解产品，只有充分了解了产品才能把产品信息准确地传达给客户；三是了解用户，只有透彻了解用户才能做到有效推广；四是了解竞争对手，在推广前先了解清楚竞争对手，才能做到进可攻退可守。

2.寻找合适的论坛

现在论坛很多，有知名度很高的论坛，也有本地论坛。选择论坛也不是越大就越好，合适的才是最好的，论坛的氛围好，用户群集中、精准才是最重要的。选择论坛也不是越多越好，要注重质量，而不能一味地追求数量。同时，要尽量寻找内容源论坛，在内容源论坛炒热的帖子才能大量被第三方论坛转载。

3.了解目标论坛

找到目标论坛之后，首先要做的不是注册账号发布内容，而是先了解论坛。因为论坛各有各的规则和特点，如果对其不了解就轻易行事，很容易被封号。因此找到目标论坛后首先要做的就是了解目标论坛的规则，对什么能做、什么不能做要做到心中有数。其次，对论坛中的各个版块特点也要了解，这样有利于将内容发布到合适的版块。同时，对论坛用户的特点也要有所了解，这样才能投其所好，赢得用户的认可。

4.注册账号

做论坛推广需要有账号，账号的数量还不能少。对论坛来说，最重要的资源就是账号资源，所以平时要注意积累账号。但是，在注册账号时千万不能用同一个ID注册很多账号。在注册时还要注意以下几点：一是账号要用中文，并且要有特色，论坛管理人对简单易记又有特色的账号很容易记住；二是及时完善个人资料，个人资料真实、丰富，能让人产生好感与信任；三是不要急于发布信息，要做一些铺垫让大家对你有个印象，如在论坛里先活跃一下，提升等级。

5.内容准备

论坛推广成功的关键是内容，只有好的内容才能在论坛中引起关注。那么如何撰写内容呢？一是要把产品的卖点与用户的需求结合起来。首先，列出产品的特色、优点，然后再把用户的需求、期望解决的问题列出来；其次，把这两项内容进行对比，找出卖点与用户需求相切合的方面。同时，发布的内容要吸引眼球，并能引起互动。

6.炒作推广内容

在论坛上推广内容的目的就是为了引起关注，如果不能引起关注，再好的内容也没有用。当发布的内容没人关注的时候就要进行炒作了。具体的做法是使用马甲（一个人在论坛上注册多于2个ID，在使用时知名度高的称主ID，其他的ID称为马甲）自行制造与内容有关的话题。马甲的话题要经过事先设计，有看点、有内容，能引起用户的关注，能激发他们参与互动的热情。

以上几个方面是论坛推广的方法，除了发布内容推广外，还可以在回帖中融入广告信息、直接利用站内的短信功能给用户推荐产品、在签名中插入广告等。

论坛推广的真正价值在于互动，凡是论坛推广做得好的项目都是有网民自动顶帖或者转帖率高。所以，在做论坛推广时，要选择目标客户常去的论坛，并且要发布能引起大家关注的话题，在与网民的互动中把产品的卖点告知潜在的消费者。

博客推广

博客推广就是企业或者个人在博客这一网络平台，通过博文来提升品牌的知名度，从而达到销售的目的。由于博客的影响范围广、操作简单、费用较低，有很强的针对性，对客户的细分程度高、营销效果显著，所以广受营销人员的欢迎。

中国五粮液集团下属的全资子公司——五粮液葡萄酒有限责任公司，曾与博客传播网络BOLAA网进行了合作。通过该平台，五粮液葡萄酒有限责任公司在红酒爱好者中组织了一次"结缘博友，共赏美酒——五粮液国邑干红浪漫体验"活动，组织这次活动的目的是利用博客对其新产品进行市场推广。

活动开展后，几天内就有6000多人报名参加这次体验活动。五粮液葡萄酒有限责任公司在众多报名的博主中挑选出了500位知名红酒爱好者，并且赠送了红酒供其品尝。这些博主们体验之后，纷纷在博客上发表了对五粮液葡萄酒有限责任公司这款新品的感受和评价。紧接着，这一活动在博客圈内引起了关于这款葡萄酒的评价热潮，并且引起了红酒界的关注。

五粮液葡萄酒有限责任公司的这次推广活动，是名牌酒企业利用互联网进行的一次营销突破。在中国白酒行业竞争激烈期，五粮液在红酒品牌推广上选择了博客营销，并且取得了显著的效果。

五粮液葡萄酒有限责任公司之所以能在博客推广上取得成功，是因为博客人群的消费特性与红酒产品的受众定位非常吻合。通过博主体验之后的口碑传播，使其红酒品牌的传播范围更加广泛，并且得到了红酒爱好者的认可。博客营销在提升企业品牌的同时，也有利于激发潜在消费者的购买欲望，并培育忠实的客户群体。

那么，博客推广有哪些特点与优势呢？

1.对用户精准细分

满天飞的广告有多少是有效的呢？可以说大部分广告都是无效的。在对客户细分不精准的情况下，广告只是漫天撒网。而博客的优点之一就是对客户的精准细分。由于每个人的兴趣、思想、观点、知识不同，每个人关注的领域也不同，创建博客时就对人群进行了细分。各个领域都有相关的博客，吸引着不同的人群。博客的定位越明确，吸引的人群就越精确，所以，博客推广是一种比较精准的营销方式。

2.以口碑形成可信度

一般来说，博客在网民心中的口碑较好，很多网民更相信博客上发布的消息，而对商业网站上发布的信息并不感兴趣。所以，博客对网民的购物决策具有一定的影响力。网民之所以相信博客上的内容，是因为这些内容表达的都是个人观点，与企业的宣传广告相比，消费者更愿意相信博客上用户的意见。

3.对社会舆论具有引导作用

博主在博客上发表的内容都是个人观点的表达。在以前博主人微言轻，发表的观点不被大多数人知晓；但是随着互联网的发展和网民数量的增多，博客也逐渐成为网民的"意见领袖"，具有巨大的影响力。这种影响力如果能够被正确地引导和使用，就会对企业的营销活动产生助力。

4.传播成本较低

和其他的营销推广方式相比，博客的推广成本相对较低，甚至可以说是接近零成本。博客推广是在网络平台上申请免费账号，指定企业内部人员进行维护，在并不增加成本的情况下达到营销的目的。

5.有利于忠客户的培养

博客推广的本质是通过专业知识的分享，让细分人群具有话语权，并建立起信任感和权威性，形成博客品牌，进而对用户产生影响。然而，要达到这种效果，需要经过长期的积累才能实现。所以，博客营销是一个长期的过程，在长期与用户交流互动的过程中建立起的信任关系能增加用户的忠诚度。

6.角色的转换

在传统的营销中，营销人员依赖传统媒体，处于被动地位。而博客兴起之后，营销人员脱离了传统媒体的束缚，拥有了发布信息的主动权，可以不依赖传统媒体而主动发布信息。

博客推广虽然有以上六大优势，也受到了营销人员的欢迎，但是也有其适用的范围。以下几种情况是最适合使用博客推广的：一是那些没有网站的企业、组织或者个人，这种情况下使用博客就会在网络上拥有一个宣传和展示的平台；二是企业的网站内容固定，可更新内容少，这种情况下使用博客可以辅助吸引流量，然后导向网站；三是SEO从业者可能通过博客增加外部链接，提升网站的权重及关键词排名；四是有助于提升品牌知名度，把博客打造成名博，对品牌的提升有很大帮助。

要做好博客推广，首先要建好博客。那么，如何打造品牌博客呢？

如何打造品牌博客

 定位博客　　 定位用户

 内容定位　　 及时更新

 正确对待负面评论　　 多与用户互动

1.定位博客

要想使博客与众不同，就要在差异化上下功夫。企业博客一般都会围绕企业的领域或者产品做内容，但是要注意不能把企业博客变成企业发布广告的平台，这样做反而会失去读者。对于个人博客或者行业博客，要尽可能选择一个空白领域，就是通过垂直细分选择一个方面把内容做深做透。

2.定位用户

定位用户就是要对用户进行研究，知道用户是谁、有什么特点和需求等。在做用户定位的时候，尽量将自己的博客定位一个用户数量足够大的领域，如果定位的用户数量过少，就会降低博客的影响力。

3.内容定位

内容要围绕用户的爱好和需求来设置。首先，内容以分享为最佳，通过分享知识、经验、技巧等内容来赢得用户；其次，是传播思想，解决用户的认知问题。博文最好以原创为主，一味地转载是成就不了品牌的。

4.及时更新

博文是博客的核心内容，要想打造出品牌博客就要保证博客的更新频率，原创的优质博文最好一周能更新一篇。如果长期不更新，就会失去读者。

5.正确对待负面评论

互联网上的人形形色色，什么样的都有。你发表的观点并不能得到所有人的认同，有的读者甚至会给你一些负面的评论。面对这种情况，切忌冲动，要正确对待、妥善处理。在互联网时代，作为有影响力的博客，你所说的每一句话、所做的每一件事都要考虑到大众的感受，考虑可能造成的后果与影响，千万不要有过激的行为。其实，有负面评论也并不完全是坏事，这些评论最能吸引用户，如果能正确处理，不但自己的品牌不会受负面评论的影响，而且会提升知名度。

6.多与用户互动

打造品牌博客需要多与用户互动，倾听用户的声音，关心用户，这样才能与用户建立良好的关系，例如回复用户的评论、解答用户提出的问题等。只有把用户放在心上、重视用户，用户才会重视我们。

博客在推广方面有一个最重要的优势，就是用户对博客的信任感。用户与博客具有良好的互动性，如果博客的信息更新速度快，就能吸引大量感兴趣的群体参与其中。网民能通过博客就自己的观点、思想、知识等信息进行交流、互动，博客之所以能够成为一种强大的营销工具，就是因为它能达到"先卖思想，后卖产品"的境界。因为网民喜欢读博客文章，博客就成了一种有效的营销方式。

微博营销

随着微博的兴起，微博营销也成为一种新兴的营销方式。微博能利用140字的内容空间发布信息、介绍企业产品、宣传企业文化等，以此来提高企业品牌的知名度和美誉度，从而达到营销的目的。微博的流行使越来越多的营销人员认识到微博营销的巨大商业价值。

那么，什么是微博营销呢？微博营销就是通过微博平台，为企业、组织或者个人创造价值的一种营销方式，也可以指企业通过微博平台发现用户需求并满足用户需求的商业行为。相对于博客来说，微博有自己的特点：

1.操作简单

微博账号的申请是免费的，并且内容不需要长篇大论，最多140字。信息发布流程简单，无需审核，随写随发。

2.互动性强

微博可以随时与用户进行沟通交流，及时获得用户的信息，并能对用户的意见和建议进行及时回复。

3.投入少

微博的申请、维护是免费的，运营也不需要投入太多的资金、人力和物力。

微博相比博客来说比较简单，但是它的影响力和作用是巨大的，因为它是一个与用户即时交流的平台，这个平台能对用户产生一定的影响力，这种影响力会在企业的品牌建设中发挥重大作用。

那么，对企业来说，微博的营销作用有哪些呢？

1.提升企业的形象

企业形象对企业来说非常重要，它能让用户对企业产生好感，进而对企业产生黏性。企业可以通过微博树立企业的良好形象，从而拉近与用户之间的距离，强化与用户之间的关系。

2.及时获得反馈和建议

做企业、卖产品，重要的是要有忠实的用户。企业要想获得用户的真心支持，就要关心用户的感受。企业可以通过微博这个平台及时掌握用户的意见和建议，并向他们做出回复。

3.对品牌进行监控

品牌是一个企业的生命，企业必须要对品牌进行监控引导。企业可以通过微博平台了解用户对品牌的评价及与企业有关的其他事宜，及时采取应对措施。

4.对其他营销有引发或辅助作用

随着微博功能的完善和覆盖面的扩大，其在营销方面的作用也越来越明显，营销人员利用微博进行事件营销、病毒营销都取得了良好的效果。

微博作为一种新兴的营销方式，其作用远不止以上几点，更大的价值和作用还有待进一步的发掘。微博营销的作用和效果越来越受到营销人员的重视，那么，企业如何做好微博营销呢？

如何做好微博营销

1.做好微博定位

在申请微博之前要想清楚建立这个微博的目的是什么。是为了好玩？是分享知识？还是销售商品？明确的定位对微博未来的发展非常重要。例如，你开设的是一个企业微博，如果定位是宣传企业新闻、产品、文化等，那么这个微博就是一个交流互动的平台，是企业对外发布信息的重要途径之一。

2.注重微博的装修

像博客一样，微博也会提供一些模板，但是这些模板一般比较单调，个人使用尚可，而对企业来说，则显得不够完美。很多人是通过微博界面关注企业的，因此个性化的模板就显得非常重要。这些虽然都是细节问题，但是细节往往决定成败。所以，在企业微博的装修上不要太随意，这样会显得不够严谨。

3.不要到处撒网

微博讲究的是与用户的沟通和交流，到处注册微博则是不可取的，那样微博就成了信息发布器，也不会有多少粉丝关注。微博注册成功后应该沉下心来做好与用户的互动和交流。

4.发微博不是发短信

有人说发微博很简单，当成发短信即可，其实这种做法是不可取的。

如果只是把微博当成企业发布信息的地方，而不与用户互动，这样的微博就不会有好的效果。如果微博内容不符合用户的需求，就吸引不到粉丝的关注。所以，微博发布的内容要让用户觉得有价值，这样才能对受众有吸引力。

5.与粉丝做朋友

与粉丝做朋友就是要拉近与粉丝的距离，在与粉丝的互动中亲近他们，把微博当成一个交朋友的地方，而不要摆出一副高高在上的老板架子。当粉丝对你没有防备之心的时候，微博营销就容易做成功了。

微博这种营销模式的核心还是内容。要做好微博营销，首先要发布对用户有价值的优质内容，吸引用户的关注，然后通过与用户的互动加深与用户的关系。当用户喜欢你微博上的内容时就会自发转播，这样你的微博就会吸引到更多的粉丝。

第二部分
全网营销的方式

　　全网营销就是把全网的营销方式进行整合，不仅能实现营销方式的多样化，而且是当前最有效的、最新的营销方式的整合和组合。这种全新的营销方式调动了网络上的所有资源，例如微信、直播、网红、事件等，可以说是一场营销方式上的革命。它充分利用大数据分析、品牌规划、产品开发、网站建设等新媒体手段和方法，将一系列电子商务内容整合在一起。

第七章 全网营销之微信营销——
与用户实现深度接触的新玩法

伴随着智能手机的普及和微信的横空出世，微信这种新型的营销模式已呈燎原之势。微信营销的火热，无论是对企业还是对个人都是有益的。企业和个人都可以通过微信平台营销产品，所以微信不仅是营销的平台，而且成了创业的平台。作为一种新型的营销方式，微信打破了交友和客商之间受距离的限制，凡是注册的用户都可以成为"朋友"，都可以订阅自己需要的信息，而商家则可以通过向用户提供信息来推广自己的产品。

微信公众号的建设

在网络营销中有一个绕不过的话题，那就是微信营销。微信营销之所以很火，就是因为微信的用户特别多，据统计现在微信用户已突破8亿。面对如此庞大的用户群体，企业都不愿错过这一营销渠道。很多企业都申请了公众号，借助公众号进行企业形象、产品、品牌的宣传。那么，如何建设一个企业公众号呢？下面进行简要的介绍。

如何建设企业公众号

1
取个好名字

2
企业微信号的设置

3
公众号介绍的撰写要点

4
公众号栏目菜单的设置要点

5
自定义回复和设置

6
公众号的认证

1.取个好名字

中国人有个传统，无论是开商店还是生儿育女都希望起一个好名字。好听的名字不仅念起来朗朗上口，并且容易被人们记住。公众号也一样，好的公众号名字会对后期的运营和推广起到推动作用。那么，如何才能起好公众号名字呢？以下几点可供参考：

一是直接把企业或品牌作为公众号的名字。如果企业或品牌有一定的知名度，人们就会更容易了解和接受企业公众号。

二是通过比喻的方式把公众号与现实中的事物联系起来，例如"琥珀虫"。

三是通过反问强调公众的定位，例如"饿了么"。

四是直接将公众号的功能作用作为名字，例如"健康生产百科"。

取名字的方法有很多，上面这些例子只是起抛砖引玉的作用。在取公众号名字的时候还要注意以下几点：一是要符合用户的搜索习惯，这样才能增加公众号被用户搜索到的可能性；二是要直观，就是让用户一眼就能看出这个公众号是干什么的；三是不要用生僻字，这些字不利于用户理解，自然也不会引起用户的关注了；四是取名需要创意，但不能天马行空，名字要和公众号的定位结合起来；五是名字太普通、没有特色也不会被人关注。

2.企业微信号的设置

微信号一旦设置成功就不能更改，所以不能把微信号设置得太复杂。因为用户添加公众号主要是通过微信号添加的，太复杂的微信号一是用户记不住，二是搜索时输入太麻烦，会影响用户对公众号的关注。因此，微信号名字的设置越简单越好，不但有利于记忆，而且有利于传播。

3.公众号介绍的撰写要点

对微信公众号的介绍虽然字数不多，但却非常重要。用户搜索到公众号后首先看到的就是对公众号的介绍，此时，用户是否会关注公众号就看这段介绍文字的好坏了。公众号介绍写得好，用户就会立即关注；公众号介绍写得不好，用户就会果断地放弃。撰写公众号的介绍时，要注意以下两点：

一是不要单纯地介绍公司的业务，否则用户看到后的第一反映就是企业在做广告，用户对这样的公众号会敬而远之。在撰写公众号介绍时要突出公众号的定位、特点，以及能给用户解决什么问题，这样才能吸引用户的关注。

二是文字不能太普通化、太大众化，这样的文字不会对用户产生吸引力，更不会产生共鸣，要引起他们的关注几乎是不可能的。所以，介绍文字要有个性，是幽默、犀利的文字更能吸引用户的眼球，进而引起他们的关注。

4.公众号栏目菜单的设置要点

对公众号栏目菜单的设置也不能掉以轻心。菜单栏目设置得好，会增强用户的良好体验，提高他们对公众号的黏性。微信公众号现在只允许设置三个一级菜单，每个一级菜单下面可以设置五个子菜单，并且每个栏目的名字不能超过五个汉字。

根据微信公众号栏目设置的规则，要对栏目进行精心设置，具体需要注意以下几点：一是栏目要围绕用户的需求来设置，因为用户有需求才会关注，才会提高他们的使用体验；二是设置栏目时可以参考其他的公众号，但是要符合自己公众号的特点和用户需求；三是要选出哪个栏目是用户最喜欢的，哪个是其次喜欢的；四是宁缺毋滥，一定要选出用户最需要的几点设置栏目菜单，如果没有，宁可不写；五是对选出的栏目进行组合，组合的方式要符合用户搜索内容的逻辑。

5.自定义回复和设置

公众号运营最重要的是要和用户产生互动，但是我们不可能24小时在线回复客户的问题。自定义回复设置得好，也可以随时解决客户的问题。公众号的自定义回复有三种模式：被添加自动回复、消息自动回复、关键词自动回复。下面对它们分别进行介绍。

（1）被添加自动回复

被添加自动回复是用户关注公众号后，自动推送给客户的消息。在设置被添加自动回复时，要注意以下几点：

一是文字不要太多；二是文字要简练，简要介绍公众号的内容特点即可；三是格式要整洁，符合排版要求，让读者看着舒服；四是适当使用表情符号，使回复内容生动；五是如果回复内容太多，可以配合关键词回复，让用户输入适当的关键词来获得更多的内容。

（2）消息自动回复

消息自动回复就是用户向你发微信消息时，微信会自动将你事先设置好的信息回复给用户。消息自动回复，通常在以下几种情况下使用：

一是原公众号已不再使用，通过消息自动回复提醒用户关注新的公众号；二是当我们无法处理公众号消息时，使用这个功能可以让用户通过其他方式联系到我们；三是如果公众号是当作客服平台来使用，当客服不在的时候，通过自动回复告知用户。

（3）关键词自动回复

这个功能是在用户输入特定的关键词时，将用户寻找的内容推送给客户。使用这个功能需注意以下几点：

一是在用户提出特定问题时，通过自动回复完成与用户的互动；二是对那些没有论证的公众号，无法使用导航栏功能时，可以将栏目通过关键词回复的形式，提供给用户；三是补充菜单栏的不足。因为只有三个一级栏目，每个一级栏目只可分为五个二级栏目，通过自动回复功能可以实现栏目的无限分级；四是方便用户查看历史内容。对于运营时间长的公众号，历史内容会非常多，用户通过自动回复功能可以查找他们想要看的历史内容。

在设置自动回复的关键词时，要注意不要使用太多的汉字或字母，如果需要展示的内容太多，最好使用阿拉伯数字进行分类。

6.公众号的认证

公众号如果能认证就要尽量认证。因为认证通过之后会显示认证图标，会使公众号显得更加权威、更加可信，认证后还可以使用菜单功能，在搜索公众号时也会使对应公众号的排名靠前。现在，公众号支持企业、网店商家、媒体、政府及事业单位、其他组织等认证主体。在公众号符合条件的情况下，支付300元服务费就可以申请认证。

微信公众号建设的好坏直接关系到公众号后期的运营推广。所以，无论是企业还是个人，在申请微信公众号时要对每一步进行精心设置，这样才可能让你的公众号脱颖而出。

微信公众号的定位

企业的微信营销都是通过公众号进行的，要想把公众号用好，让公众号发挥出最大的营销作用，关键不在于基本的操作层面，而在于有正确的思路和方法。企业要想用好公众号，首先要做的就是为公众号定位。有句话说得好："无定位不微信。"企业要想玩转微信公众号营销，就要给公众号进行精准的定位，对粉丝要给出精准的画像。

现在微信公众号已经遍地开花，很多企业和个人都有微信公众号，现在仍然有大量的企业和个人正在申请微信公众号，随着微信公众号红利期的过去，公众号吸粉和维护变得越来越难。很多公众号成了僵尸号，这些公众号就是死在了定位不准和运营策略失误上。现在运营得好的公众号都是定位精准、符合粉丝需求的公众号。俗话说"物以类聚，人以群分"，不同的人兴趣、爱好不同，关注的点也不同。公众号只有精准的定位才能吸引有共同爱好的人。

有一个叫"深度茶叶"的公众号，它的定位是对准茶叶行业的人，为这些人提供茶业方面的资讯，满足他们或他们的客户对茶文化的需求，以及对茶界活动与动向的关注。这个公众号始终坚守着茶新闻资讯这块阵地，每天更新茶界的新动态。这个公众号因此吸引了大量茶叶行业方面的专业人士的关注，在茶叶营销上做得也相当成功。

"深度茶叶"公众号属于行业定位，它定位精准，对准茶叶行业的人，并围绕这些人的需求提供资讯。在满足粉丝需求的同时，在营销方面也获得了成功。微信公众号之所以要进行定位，是因为这不仅是微信公众号建设的基础，而且是向外界传递的一种形象，让人们一接触公众号就知道它是干什么的、是不是自己需要的。精准的微信公众号定位能吸引精准的、忠实的粉丝。

做好定位还有以下好处：一是有利于给公众号起名；二是有利于提供精准的内容；三是有利于寻找盈利点；四是有利于建立清晰的公众号形象。那么，如何给公众号定位呢？根据建立公众号的需求不同，公众号有以下不同的定位分类：

微信公众号定位分类

1.宣传品牌

企业建立这样的微信公众号的目的在于展示、宣传企业的品牌形象，也为了让更多的潜在消费者全面地了解企业、对企业有更加深入和深刻的认识。这种定位对于那些需要展示企业品牌、业务和产品的企业非常适用。要做好企业的微信公众号，就要把企业的精气神展现出来，包括企业的文化、企业的团队、企业的背景等，且向用户展现出来的是与众不同的特点和属性。

2.吸引粉丝

用来吸引粉丝的微信公众号是通过聚集粉丝来寻找潜在消费者的，要做好这样的微信公众号就要围绕潜在的消费者来设计，公众号提供的内容一定要是潜在消费者所喜好的，甚至是他们所要寻找的内容。所提供的内容无论是原创还是转载的，只有一个标准，那就是"精"，这样才能吸引到粉丝。

3.产品销售

随着电子商务的发展，很多用户的购物习惯转移到了移动端，有的微信公众号就是作为销售平台来使用的，例如"一条"。"一条"是一个定位为销售型的公众号，它所发布的每一条内容都是广告，但是每一条广告都能吸引到大量读者，这是因为它的广告文案写得特别精美。以销售为定位的微信公众号重要的是有公信力、引导力和推广力。这些"力"的形成仍然离不开内容，而这个公众号就是要为用户提供他们需要的内容。

4.提供服务

这类微信公众号是为了给用户提供服务而建立的，通过向用户提供优质的服务，增加用户的消费体验或者产品体验，进而提升企业的形象和口碑。要做好这样的微信公众号，所提供的内容就是要让用户感觉舒服。服务类型的公务号在提供内容时，要让用户体验到移动互联网的方便快捷，如果能利用移动互联网的新技术、新特性设计出一些新的服务形式，就能让用户的体验更好。

5.宣传媒体

定位为媒体的微信公众号就是把这个公众号当作媒体去运营。这一类型的公众号是最难建立的，这与打造传统媒体的过程是差不多的。要建立一个这样的公众号，首先要确定的是目标受众，要知道这个公众号是做给谁看的。之后要围绕目标受众的需求来做内容，所做的内容要有特色，这样才能吸引到粉丝的关注。

6.综合型

这种微信公众号是把以上所有类型都包含进去，以达到最优的推广效果。有的企业会综合使用很多不同类型的公众号，以达到影响用户的目的。

微信的出现不仅改变了人们的生活方式，而且开创了营销的新模式。微信营销的优势在于能够实时推送，且信息发送给用户后手机会自动提醒用户，保证信息的时效性。微信的营销方式十分多样化，例如漂流瓶、朋友圈、摇一摇、公众号等方式。采用微信公众号进行营销，用户的自愿关注能提高营销的精准性，所以微信公众号营销成了众多商家的新宠。

微信公众号的推广

微信营销看似简单、门槛比较低，但是要真正做好却很不容易。微信公众号建立起来以后，如何吸引粉丝、如何增加粉丝量是让所有运营公众号的人头痛的问题。如果公众号没有大量的粉丝关注，那么做微信营销就无从谈起。现在微信公众号的红利期已过，想在短时间内吸引到大量粉丝非常困难，有的企业为了推广公众号投入了大量的人力、物力，但效果并不理想。

微信公众号的推广要有正确的思路，盲目推广不可取。要做好微信公众号的推广，最重要的还是内容。只有好的内容才能吸引用户、黏住用户，甚至让用户自动传播他们感兴趣的内容；内容若是做不好，其他一切努力都是白费。然而，"酒香也怕巷子深"，好的内容也需要好的传播渠道和推广技巧。好的内容加上好的推广方式，会使微信公众号的传播如虎添翼。

小王和小刘是两个刚毕业的大学生，他们在一个二线省会城市的某小区租住了下来，这个小区由于地理位置比较好，入住率基本达到了95%，并且以年轻人居多。两个年轻人看到当下微信公众号比较火，于是注册了一个叫"某某小区生活圈"的公众号。

公众号有了，想让别人关注却并不是那么容易的，公众号既需要好的内容，又需要推广。两个刚毕业的大学生并没有钱去做推广，然而这两个年轻人有创业的热情。为了推广公众号，他们首先跟小区门口的一个水果摊搞好关系，与水果摊主进行合作。他们做了一个二维码放在水果边上，两个年轻人一人一天地轮换在水果摊边向来来往往的人推荐公众号，凡是关注公众号的就送上一个苹果或桔子，这样推广了一个星期，关注的人数达到了1000多人。

然后，这两个年轻人又说服了物业，允许他们在小区的电梯内贴广告。他们采取的方法是：公众号可以帮助物业公司提醒住户停水、停电，以及发布其他通知，为物业节省了人力物力。物业认为很有道理，就开始支持他们。由于得到了物业的支持，该公众号不到一个月粉丝人数就达到了将近两万人。

第三招是在菜市场进行宣传。他们做了一批塑料袋，上面印制了二维码和广告语，然后免费送给卖菜的商贩，由于是免费的，大部分卖菜人是愿意用的。两个月后，公众号的关注人数突破了两万。后来经过他们在小便利店、小超市等地方的推广，最终粉丝人数达到了3万多。由于这个公众号在小区的影响比较大，小区周围的很多商家开始找他们合作，两个年轻人运营的公众号开始盈利了。

在微信公众号红利期已过的大环境下，很多微信大号在吸粉和经营上都遇到了困难，但是这两个年轻人做的是垂直领域的公众号，不求大，而是追求小而美，只服务本小区的人群，提供的内容非常接地气。在没有营销费用推广的情况下，他们采用了"地推"的形式，取得了很好的效果。

其实，推广微信公众号的方法很多，下面介绍几种推广方法，希望对大家能有所帮助。

1.利用现有资源

每个企业都有不少现有的资源，这些资源可以利用起来推广企业的公众号，例如企业的名片、企业的邮箱、企业的官方网站、企业的广告牌等。这些资源如果利用好了，会给企业的公众号带来不少粉丝。但是很多企业这么做了效果却不明显。这是为什么？因为，这些企业只是单纯把公众号宣传出去了，而没有对用户讲清楚关注这些公众号后会得到什么好处，而人们往往只关心对自己有好处的事情。

2.做好的内容

对微信公众号来说内容依旧为王，优质的内容是最好的推广方式。人们对于优质的内容会自发地转载，看了内容的人也会自动关注公众号。同时，要想让更多的人关注公众号，还要适当地引导，例如在每篇文章的底部设置用户关注的二维码，对公众号的特色进行简单介绍。

3.利用搜索功能

一些用户会利用搜索功能搜索感兴趣的公众号进行关注，当用户搜索关键词的时候，如果你的公众号在搜索结果中排在前面，就可能会被用户关注到。利用这种推广方式要注意以下几个方面：一是公众号的名称要包含用户经常搜索的关键词；二是要对公众号进行论证，因为论证过的公众号在搜索中的排名会靠前；三是要有一定的粉丝量，因为粉丝越多，搜索排名就越靠前。

4.活动推广

利用活动推广是一种简单、快捷、有效的公众号推广方式，但是这种推广方式需要有一定的预算。如果预算允许，再设置类似礼品赠送这样的活动，推广效果会更好。

5.公众号互推

这也是一种有效的公众号推广方式，就是通过认识的一些公众号的运营者在公众号里相互推广对方的账号。使用这种推广方式要注意推广力度不要太大，因为这种行为是微信官方不允许的。

6.软文推广

软文推广属于内容推广的一个方面。优秀的软文是能够引导用户关注的，也是一种推广公众号的好方法。

7.邮件推广

事先设计几个好的邮件模板，每天坚持发送给用户，也会有一定的效果。但由于现在营销信息和垃圾邮件比较多，很多人的邮箱都设置了防范功能。如果目标群体的邮箱是真实的，这种方法也不妨一试。

8.推广返利

这种推广方式是用返利的方法引导用户去推广。这种推广方式有一定的门槛，因为它需要一定的技术支持，例如移动端的返利系统。虽然这种推广方式做起来比较麻烦，但效果也非常显著。但要注意，利用这种推广方式不能过火，否则会受到官方制裁。

以上是一些微信公众号的推广方式。微信推广的方式很多，这些只是起到抛砖引玉的作用。不同类型的公众号，推广方法也是不一样的，要多研究、多学习，才能找到适合自己的推广方法。

微信营销的新玩法

微信营销是社交营销的一种形式，就是把广告经过一番伪装，让广告看起来不像广告，但是却能够发挥广告的功效。这种做法在微信营销早期确实很有效果，但是如果做得不好，可能会引起人们的反感。

那么，微信营销新的出路在哪里呢？下面介绍几种微信营销的新玩法，希望对大家能有所帮助。

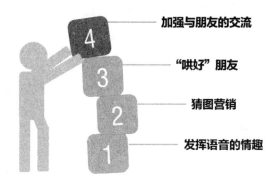

微信营销新玩法

- 4 加强与朋友的交流
- 3 "哄好"朋友
- 2 猜图营销
- 1 发挥语音的情趣

1.发挥语音的情趣

语音其实是一个很有情感的存在，是移动社交与互联网社交最大的差别。智能手机的普及为语音聊天提供了便利，但是语音营销一直被大众忽视，而且语音如果用不好就很可能丢失粉丝。例如，有的名人采用的是自动录音回答，这看似高级却不实用，因为只有问对关键词才会自动做出回复，这种做法已经不受粉丝欢迎了。然而，实时在线回答粉丝的问题又是不可能做到的。那么，语音沟通就无路可走了吗？

答案是否定的，不用实时陪聊也可以让粉丝有深刻的互动体验，先看一个案例。

中国国家博物馆开设了一个微信语音导航系统。在国家博物馆的微信公众号上，只要游客输入关键词，就可以实现微信语音导览，为游客创造了更好的产品体验。这套语音系统是国家博物馆专门邀请著名主持人胡紫薇和李文文为"道法自然——大都会艺术博物馆精品展"录制的解说词。游客可以凭借这套语音解说，实现自主导览。

这套语音系统对国家博物馆来说是一次投入、长期受益，为提升用户的消费体验提供了新的可能。这个案例是通过微信公众号的语音服务来转变成销售行为的，以服务之名为用户提供高效、愉悦的消费体验。

2.猜图营销

猜图营销也是一种很有效果的微信营销模式。以小米为例，饥饿营销是小米惯用的模式，但是再新奇的营销模式用多了，大家也有厌倦的时候。在2014年情人节的时候，小米成功玩了一把"猜图营销"，在微信朋友圈里赚足了眼球。

2014年情人节前后，在微信朋友圈里流传着这样一张图片，上面写着"微信群玩疯了！看看有多少人喜欢你！"其实，这个活动很简单，用户只要关注小米手机微信公众号，完成缘分测试，并把结果分享到微信群，号召朋友们回答问题，在好友回答完问题后终端会给出你们的缘分测评结果。并且，参与这个活动还有赢得红米手机的机会。

在微信朋友圈里有很多人参与了测试，这就达到了小米进行品牌营销的目的。后来小米自己都承认，在微信朋友圈"流行"的"测试"都是某个品牌为了吸引粉丝和进行品牌营销而推出的。

3."哄好"朋友

这里说的"哄好"朋友并不是欺骗朋友，而是通过与朋友的交流互动让朋友成为你的忠实粉丝，进而成为你的消费者。在微信上交到朋友不难，交到好朋友才是关键，因为毕竟有营销的成分存在。但是，如何才能交到好朋友呢？就是要对目标客户全覆盖，让个人通讯录上开了微信的人都成为你的微信好友，让那些希望购买你商品的人都有可能看到你的信息。找到好友之后就要开始"哄好"朋友了，怎么做呢？来看一个案例。

在微信上有一个卖糯米酒的人，他的微信名叫"糯米酒先生"。他做的糯米酒采用的是传统的纯手工酿造工艺，定价为60元/斤。通过微信营销，他每月的销售额能达到5万元。他是怎么做到的呢？他并没有在朋友圈里直接发广告，如果他这样做，肯定不会有什么效果。他采用的办法就是交流沟通，经常在微信中发布酒文化的介绍、酿造工艺等，甚至还介绍了糯米酒的饮法、功效等方面的知识。他靠这种方式吸引到了大量喜欢喝糯米酒的粉丝，虽然只是一个小作坊，但是销量已经相当可观了。

在微信上做广告，最重要的一点就是不能让朋友烦你。很多人都讨厌整天在朋友圈里刷屏的广告党，有的人会直接屏蔽甚至删除好友。要想让朋友不烦你的广告，就要发一些有趣的东西，并且数量不要太多，每天一两条就可以了。

4.加强与朋友的交流

这是很多人都容易忽视的一点，只有互动才能加深与朋友的关系。很多人都比较重视自己发布信息后朋友的反应，都渴望得到朋友的关注与支持。实际上，朋友发信息也是希望得到关注的，因此在你有空时对朋友发的有趣内容至少要点个赞，显示你关注了朋友，否则朋友会认为你对他的关注不够。

对朋友发布的信息也不要只点赞，最好能评论两句。写评论的时候要认真，要出于自己的真情实感，并且让朋友体会到这一点。和朋友之间的交流顺畅了，推销就容易了。玩微信营销就是去交朋友、交好朋友，并且要"哄好"朋友，这些朋友就是你的客户。

微信营销现在很火爆，但是我们也不能过于迷信它，说到底微信营销只是网络营销的一种模式。如果把微信营销看得过重，就会在全网营销的道路上一叶障目，也不是什么好事。把微信营销当作一种营销的渠道，与其他的营销模式配合在一起使用，才会更有效果。

第八章　全网营销之网络直播营销——营销新武器

　　网络直播营销是近几年兴起的一种新的营销模式，它以网络直播平台为载体，以现场直播的方式来实现企业品牌的提升和产品销量的增长。现在，直播已经成为各大品牌的营销新宠，它以低成本带来了品牌知名度的极速提升。一些品牌、明星、网红、影视节目都意识到这一新的营销模式的巨大价值，都在想方设法地用这一营销模式分一杯羹。

什么是直播营销

信息的传播渠道被称为媒介。以往的信息传播媒介主要以文字、图片、视频为主，受众只能被动地接受这些信息。而今天的直播可以进行实时的互动，这不仅是一种新的社交方式，也是一种新的娱乐方式。同时，以直播为媒介的营销模式也顺势而起，成为当下最流行的营销方式。

特别是2016年，各种直播平台大爆发，各行业巨头都在相继推出自己的直播平台，其中最为火爆的是游戏直播、秀场直播和体育直播。游戏直播平台主要有斗鱼、熊猫、虎牙、全民、龙珠、战旗；秀场直播竞争尤为激烈，平台主要有映客、花椒、一直播、小米、YY LIVE、默默等；体育直播的主要平台有直播吧、风云直播、乐视体育、章鱼TV等。

直播为什么能受到如此青睐？为什么会在一时间如此之火呢？调查显示，有近40%的用户对直播的第一印象就是：新式的信息传播媒介。在营销无孔不入的时代，这种新式的信息传播媒介当然很快就成了营销新武器。

2016年5月25日晚，小米公司创始人雷军为小米无人机发布会开通了全程直播，这是一次纯线上直播的发布会。雷军把发布会的地点设在自己的办公室内，他通过十几家主流的直播平台，举行了这次发布会。

在晚上七点多雷军正式上线后，小米自己的直播平台中同时在线的人数一直飙升，到发布会结束时已经突破50万。新浪一直播平台更是人气爆棚，同时在线人数突破100万。在这次发布会上，雷军在两个多小时的直播时间内不仅介绍了小米无人机，而且透露了小米手环2的上线时间。在直播中，雷军还回答了粉丝们的提问。对于直播，雷军已经熟门熟路，还不停地向粉丝们"索要"虚拟礼物。雷军之所以在直播中轻车熟路，是因为在不久前他还进行过一次直播。

2016年5月11日，雷军在网络直播平台直播了小米即将发布的MAX手机后，当天在百度指数中的搜索指数就超过了23万，在5月17日举行的首发活动就引起了轰动。可以说，雷军的直播对小米MAX的大卖发挥了重要作用。

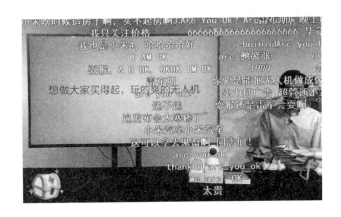

从雷军直播营销的案例中可以看出，直播营销是一块价值巨大的洼地，并且效果也让人非常满意。不仅小米这样走在潮流前沿的互联网企业开始了直播营销，其他很多品牌也都开始试水直播营销。

淘宝外卖在2016年举办的"饿货节"，就联合淘宝直播，进行了一次成功的直播营销。在这次"饿货节"上，除了五折优惠之外，还邀请了100位"饿货"主播，现场直播吃外卖，号称"百位饿货直播96小时不间断直播，陪你吃外卖"。

淘宝外卖举办的这次直播营销活动取得的效果比以往在其他渠道花巨资做广告还好。这100位人气主播本身就带有大量的流量资源,在这次的直播活动中,共有700多万人在淘宝直播频道进行了围观,互动信息达百万条,也使淘宝直播的流量翻番。同时,淘宝外卖的流量更是呈爆发式增长。

现在,直播购物已经成为一种趋势,很多购物网站开设了直播平台,并且很多直播平台都具备了边看直播边购物的能力。各大品牌都在挖掘直播的营销作用,特别是在电商领域,使电商与直播相结合,通过直播来完成变现。

目前,通过网络红人获得的营销收入是惊人的。据第一财经发布的《2016中国电商红人大数据报告》中显示,2016年红人产业产值(包括红人相关的商品销售额,营销收入以及生态其他环节收入),预估接近580亿元人民币。这个收入额超过了中国2015年的电影总票房,也相当于国内最大连锁百货百联集团2015年全年销售额。

中投顾问在《2016—2020年中国网络直播行业深度调研及投资前景预测报告》中也提到,网络直播近两年来已经成为一种新的互联网文化业态。2015年,我国在线直播平台就已经接近200家,网络直播市场的规模约90亿元,用户人数超过2亿;一些大型直播平台在高峰时段同时在线人数接近400万,同时直播的房间数量超过3000个。

网络直播营销这一营销方式出现的时间虽然不长,但是已经出现了众多成功的营销案例,可见其营销优势。甚至有人说"无直播,不营销"。但是,我们也应该清醒地认识到,网络直播营销只是一种营销渠道,要想做好直播营销,关键还是要策划好的内容,只有好的内容才能吸引到粉丝,才能达到营销目的。粉丝就是流量,做好粉丝变现就能创造商业价值,没有庞大的粉丝群,直播营销也就无从谈起。

直播营销的优势

　　直播营销能够快速发展起来，和外部环境是分不开的。直播营销之前的视频营销图文并茂、广告生动，也更容易吸引受众眼球，商家也都喜欢这种营销方式。但是，由于制作视频的成本比较高，很多人不敢轻易尝试。而智能手机的出现使与直播相关的视频制作设备价格降低，上网速度提升、上网流量价格的下降，也促使视频营销过渡到了直播营销。

　　人们的社交需求也是促使直播营销快速发展的因素之一。随着移动互联网的发展，越来越多的人通过网络信息的快速传播提高了自己的知名度，成了网络红人。直播的内容不仅丰富多样，而且还能够实时互动，进一步满足了人们的社交需求。网络直播的兴起也为直播营销奠定了基础，并且不乏成功的直播营销案例。

　　2016年，电影《百鸟朝凤》下跪事件是有名的网络直播营销经典案例。5月12日，《百鸟朝凤》的票房惨淡，单日仅有49.2万元票房，排片率也非常低——只有1.2%。此时影片上映已经一周，面临因票房惨淡而下线的危机。5月12日晚，《百鸟朝凤》的出品人方励在某直播平台为影片的排片和宣传做最后的努力。

　　方励在直播中，说到激动之处时在视频中磕头痛哭，声称只要影院经理能够在周末给影片排一场黄金场,自己愿意给对方下跪。方励这一跪迅速在各大社交平台和媒体刷屏,让业界一片哗然。第二天,有院线开始增加排片,同时也让更多的观众知道了这一影片。在13日,影片票房开始出现逆袭势头,单日票房破百万。在5月14日,票房达到900万元人民币,成功逆袭,最终票房总收入超过了1400万元人民币。

关于方励下跪求排片事件,网络上众说纷纭,各有各的看法,对此我们不用去理会。但是,从另一方面来说,这是一次成功的网络直播营销。我们清楚地看到了这次直播营销的效果,那就是真正变现成了真金白银。

这次下跪事件能成功,其中一个重要原因是唤起了用户的感激之情。在直播中由于用户的参与,使用户知道了这一影片背后的故事:这部影片是吴天明导演的最后一部作品,为了这部影片,很多有志之士义务为之宣传,并且影片的诞生更是充满了各种艰辛。用户了解了这部影片诞生的不易,就加深了对这部影片的感情。

这也是网络直播的优势。如果不是直播,如果不是与用户互动,很多人是不知道这部影片的曲折历程的,就不会有意地去观看影片。直播营销一旦产生效果,能量就是惊人的。在2016年夏天,伊利利用直播也"火"了一把。7月22日,伊利旗下的风味乳饮品牌可滋策划了一场声势浩大的直播营销。那一天伊利共邀请超模及网红200位,超萌的美女带着可爱的小公仔在街头派发饮品,视频很快就占领了直播平台的头条,在不到一个小时的时间内就有超过100万人观看,产生了良好的品牌宣传效果。

直播营销为企业的品牌及产品带来了巨大的价值,所以各大商家都趋之若鹜。那么,直播营销的优势有哪些呢?

直播营销的优势

能与观众
进行实时
互动

成本低、
效果好

能实现即
时交易

不受地域限
制并实现对
客户的精准
筛选

门槛低

效果直观

1.能与观众进行实时互动

直播就是现场的即兴发挥或者表演，并且能与观众进行现场交流沟通。直播能让消费者以最快、最直接的方式了解企业的产品和服务，也能在第一时间解决消费者的疑惑，并及时回答消费者的问题，从而在消费者心中形成良好的印象。

2.成本低、效果好

与传统的营销模式相比，直播营销能以极低的成本取得极大的营销效果。例如，以前企业要为新产品搞一场发布会，从选地点开始到发布会结束会产生一笔巨大的花费。而在网络上进行直播不需要租场地，不需要邀请媒体嘉宾，只要有网络就行了。就像上面提到的雷军为其小米无人机做的发布会那样，既节省了成本，又取得了良好的宣传效果。

3.能实现即时交易

由于直播能与观众进行即时互动，对于观众的疑虑主播能够即时给予解答，能及时消除观众的疑虑，再适时配合上产品购买的途径，观众就很有可能即时下单。

4.不受地域限制并实现对客户的精准筛选

只要有网络，主播就可以与任何地方的好友进行即时沟通，真正能在产品发布会开始时进入直播间的人都是对产品有兴趣的人。因此，商家通过直播营销能进一步锁定客户，使营销的效果更好。

5.门槛低

现在网络直播的门槛还比较低，每个人都可以发布自己的直播视频，只要有好的内容就能吸引到粉丝。因此，缺乏雄厚经济实力的中小企业很适合做直播营销。

6.效果直观

在直播中，主播通过与观众的互动能够即时接收反馈并做出调整。同时，还能够通过粉丝们的留言、打赏等直观的方式了解消费者对产品的满意程度，这些信息有助于企业对产品进行改进，从而满足消费者的需求。

直播营销现在越来越受到商家的喜爱，并且也从中看到了成效。通过直播营销，能使观众在娱乐放松中直接感受企业的品牌与文化。在直播上做营销，广告味没有那么重，观众也乐意接受，可以使产品信息在无形中渗透到消费者心里。

如何做好直播营销

直播是一种全新的娱乐社交方式。2016年可谓是中国移动互联网的直播元年，在这一年，从腾讯的斗鱼、百度的云直播、新浪的一直播到熊猫TV等，各种直播平台纷纷出现。现在，直播已经无处不在地出现在大众视野里。

直播这种新的信息传播媒介迅速被大众所熟知，并且成为网络热门，紧接着直播营销也应运而生。直播营销这种新型的网络营销模式具备了以往的视频营销、社区营销、口碑营销、事件营销等所具有的特点，把品牌、营销、用户、交易和社区连在一起，这种营销模式是企业一直向往的。

虽然从本质上看，直播的门槛不高，不需要太复杂的设备，也不需要投入多大的成本，只需要有网络和一部智能手机就行了，但是要想做好直播营销也不是那么容易的。那么，怎样才能做好直播营销呢？

直播营销的方法

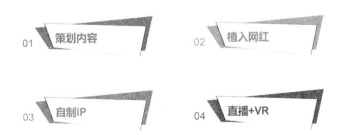

01 策划内容　　02 植入网红

03 自制IP　　04 直播+VR

1.策划内容

内容是做好网络直播营销的关键，只有策划出优质的内容，直播才能吸引粉丝的眼球。一般来说，直播都会选择紧跟时事热点有关的内容，但也不是什么热点都可以拿来用，一定要选择那些积极向上的话题，这样的话题至少能给观众带来一些正能量。同时，内容还需要具备话题性，要把这种话题自然地引到产品上，在与观众的互动中介绍产品的特点。此外，话题还要能够激发观众的好奇心，这就需要在内容中加入悬念性的内容，目的是吸引观众一直关注下去。

2.植入网红

网红在直播营销中具有惊人的能量，已经成为营销过程中的新风口。例如，某品牌口红邀请明星+网红进行同步直播，在两个小时内就销售出口红10000支。这种明星直播、网红直播的营销模式之所以能取得惊人的营销效果，是因为观众在观看直播的过程中能与明星、网红进行互动；但若是传统的视频广告，观众在看到广告的时候经常会跳过去。同时，观众在与明星、网红互动的过程中对于其推荐的产品会更有立体的感受，这样不仅对产品推广起到了良好的推动作用，而且能更好地转化成经济效益。

3.自制IP

IP现在也已经炒得很火热，知名的IP在网络营销中往往会占有很大的优势。例如，在网络上很有名的papi酱，就是通过自制的吐槽剧吸引了大量的粉丝，成为2016年最有名的网红，其广告更是拍出2200万元人民币的高价。现在不少企业会投资制作一些自制剧，通过这种方式来帮助企业做相应的品牌宣传。这种自制IP一般是以企业冠名或者定制话题，利用网红来帮助企业做全方位的打造，目的是提升企业品牌的形象。

4.直播+VR

随着VR技术的发展，这一技术也应用到了直播当中。在直播过程中，一些企业使用先进的VR设备和技术给观众带来了更多的互动体验。在VR技术的助力下，观众与明星、网红互动的时候能感觉身临其境，会觉得更有趣，能进一步增强观众的参与热情。

以上是几种如何做好直播的方法。现在在线的直播有千千万万，那么如何才能让你的直播脱颖而出，吸引到观众观看你的直播呢？下面四种方法是比较新潮的，可以作为参考：

1.品牌、直播、明星相结合

明星向来就很吸引眼球，特别是大牌明星，他们的出现更能引起轰动效应，能给企业带来可观的经济效益。有一个很经典的案例，就是在戛纳电影节上，欧莱雅全程直播了巩俐、李宇春、井柏然等代言人在现场的一些活动。在直播4个小时之后，欧莱雅的产品大卖，这就是直播营销的实力。还有一些企业也邀请明星直播代言，效果都非常好，他们代言的产品都销量大涨。

2.品牌、发布会、直播相结合

现在发布会也流行采用直播的方式，在线直播不但节约了成本，而且效果显著。雷军、罗永浩等已经是举行线上发布会的老手了。在线上直播发布会时粉丝还可以留言提问，提升了他们的参与感。但是在线上举行发布会也不是那么容易，它需要担任主播的企业CEO有很强的临场能力。

3.品牌、直播、企业活动相结合

对企业的一些活动，只要不是保密的，也可以尝试进行在线直播。通过这种方式可以与观众分享企业的日常工作、品牌故事等。例如，有一家公司在线直播了其制作广告大片的全过程，使观众看到了从选秀开始一直到幕后制作花絮的过程。因为是实时直播的内容，观众更能感受到企业的真诚。

4.品牌、直播、深入互动相结合

直播的一个重要特点就是可以与观众进行即时互动，这是其他媒介所不具备的。在直播中，要想让观众深入地参与进来、让他们有更直接的体验，就需要与观众进行深入的互动。观众的深度参与会发挥出直播营销的最大价值。

直播营销虽然出现的时间不长，但是已经迅速火热起来。直播营销的新方法也还在探索中，希望大家通过不断的探索与学习，找到适合自己的直播营销方式。

直播+企业：企业营销新赛道

在直播刚开始出现的时候，很多人认为视频直播是属于美女、帅哥、段子手们的天下。但是，随着直播的火热，企业也加入了直播大军，并通过直播为企业进行品牌宣传并吸引粉丝。一些企业已经通过网络直播获得了良好的营销效果，无论企业大小，谁能抓住机会，谁就将脱颖而出。网络直播已经成为企业营销的一个新赛道。

作为刚兴起的行业，直播现在大多还集中在以网红、游戏为主的模式，企业运用直播进行营销的做法还相对不完善。虽然直播作为营销的新工具为企业的营销活动注入了新的活力，然而很多企业还在直播营销上不得其门而入。那么，企业如何在营销上开启直播营销模式呢？下面将结合案例，介绍一下企业做直播营销的重点方向，希望能起到抛砖引玉的作用。

1.满足用户的好奇心

好奇是人的天性，人通常会对自己不了解的事物充满好奇。人们往往会好奇于企业产品的生产过程，企业在解答人们的这一疑问时，如果利用文字和图片讲述，往往不够直观；如果利用视频介绍，虽然效果好了很多，但是不能互动，不能有身临其境的感觉；而利用直播就能解决上面所有的问题。

GE公司在2015年7月20日，利用五天时间在深海钻井、风力发电等前沿行业，通过无人机进行了直播。这次直播从东海岸到西海岸，选择了5个不同的地点，对复杂技术进行了全面深度介绍。

在直播中，当无人机飞过壮观的风力发电场时，在几百米的高空竟然看到了站在庞大的GE风力涡轮机上挥手的工人。在直播的同时，GE还同步解答了观众的提问，例如，"大风车"每天能发多少电？工人在高空会不会害怕？

GE公司通过这次的直播活动，对产品及其功能进行了全方位的展示，满足了观众对复杂技术的好奇心，同时也激发了用户对其产品的兴趣。

2.拉近产品与观众的距离

对于一些高端品牌特别是奢侈品，一般消费者或者潜在消费者很难接触到，对这些产品总有一种神秘感和好奇心。通过直播能让观众近距离观察并了解这些产品，这对培养潜在消费者是有好处的。

在2015年的米兰时装周上，意大利顶级奢侈品牌VERSACE通过直播，展示了软床、抱枕、桌椅等优雅的家居用品。通过直播，观众对这些产品的精致、奢侈有了更直观的感受，使这些产品不再是遥不可及。

3.给用户制造非凡的体验

要让潜在消费者对产品有直观的认识，最好的办法就是让潜在消费者对产品进行体验，所以现在体验经济已经大行其道。如何给广大潜在消费者创造非凡体验呢？在潜在消费者不能亲临现场的情况下，最好的办法就是直播。通过直播让潜在消费者有身临其境的感受，从而产生非凡的产品体验。

社交平台Snapchat上有一项功能，就是用户可以看到在某一时刻多个不同视角的内容展示。例如，在一场演唱会或者体育比赛中，现场观众可以从不同角度、不同位置捕获精彩瞬间，并上传到后台。后台把这些视频进行甄选和剪辑后发布到网络上，让不在现场的观众也能通过视频沉浸于多维度的表演中，从而产生非凡的体验。

4.丰富产品中的故事

无论是微博营销、微信营销，还是直播营销，其核心还是内容营销。在内容营销中，讲好故事才是王道。一个好的产品故事能让用户对产品的记忆更深刻，甚至能通过这个故事的传播使更多的人认识企业的产品，这对企业品牌知名度的提升大有好处。一般来说，通过文字、图片也能讲述产品的故事，但是如果通过直播来讲述产品故事会显得更直观、更丰富。

5.展示新形象

一些传统行业具有悠久的历史传统，这本来是好事，但有时也会给人们留下刻板守旧的印象。在新的时代，如何改变人们对这种行业的印象呢？那就要通过直播做内容营销，让观众亲眼看到行业的改变。

现在的年轻人对邮轮的印象是什么呢？很多人没有坐过邮轮，对邮轮的印象多来自影视作品。无非是爵士乐、舞蹈、游泳池等，这是一种刻板守旧的印象，相信很多年轻人对邮轮的这种形象并无新鲜感。美国的邮轮业为了改变人们对邮轮的这种印象，举行了加勒比海七天五岛的冒险之旅。这次旅行邀请网络红人参加，并通过直播平台向全世界播放，同时把一些精彩的直播瞬间在纽约时代广场上播放。这次直播活动，一举改变了人们对邮轮行业原有的印象。

全网营销

　　直播营销是未来最重要的一种营销模式。未来，企业要想在营销上不落人后，都需要有自己的直播间，通过直播来吸引粉丝、吸引客户，进而促进成交。企业要想做好直播，最好配备视频直播专员，具体负责企业直播内容的策划与执行。

第九章 全网营销之短视频营销——
醉翁之意不在酒

视频营销兴起后，对网络营销造成了一定的冲击，也改变了传统的企业信息传递方式。相对于文字与图片，网络短视频给人们带来了更多的视听享受。随着人们对网络短视频的喜爱之情日益加深，视频营销也悄然登场。把企业文化、产品故事、广告等融入短视频中，对企业的品牌推广和产品营销会起到良好的促进作用。

网络视频营销的优势

　　网络视频营销是企业通过制作一些关于企业产品的视频短片并放到互联网上，来对企业的产品进行宣传的一种营销方式。在互联网时代，视频这种比文字和图片更有冲击力的信息传播方式广受人们的欢迎。一段人们感兴趣的视频，只要有网络就可能被全世界每一个角落的人看到。微信出现之后，微视频更是火爆，有趣的视频内容在很短的时间内会被大量转发观看。以营销为目的的视频，如果观众感兴趣，也能在短时间内产生巨大的营销效果。

　　在国外的视频网站YouTube上，最受关注的视频排行榜上经常有这样一个视频：一个中年的白发男人把所有能够想到的东西都丢进桌上的搅拌机里，例如扑克、火柴、灯泡，甚至还有手机。在每一段视频的开头，这个人都带着护目镜说："搅得烂吗？这是一个问题。"

　　在这些视频中，有一段视频是把苹果公司早些年出产的iPod随身听放进了搅拌机里，经过20秒钟的搅拌，这只随身听竟然变成了一堆冒着烟的金属粉末。这段视频在网站上播出之后点击量惊人，在两个月内观看次数将近270万。观众们都被这台无所不能的搅拌机征服了，纷纷点击节目说明中的网址去一看究竟。

　　这些视频是一个叫汤姆的人特意录制的，他是Blendtec公司的首席执行官，这是一家生产食品搅拌机的公司。Blendtec公司总是用各种各样的奇怪的东西去测试搅拌机的性能。公司的市场总监突发奇想，决定把这些测试过程录制下来，然后传到网上去。

他们制作了几十段这样的视频，这家公司的做法就是要让观众加深对产品的认知。这些视频上线之后，仅短短一个月搅拌机的销售量就增加了4倍。

Blendtec公司生产的食品搅拌机能在短时间内热卖，与网络上播放的视频是分不开的。这些视频起到了非常好的广告宣传作用，提升了观众对这款产品的认知度。这些视频虽然不是特意制作的广告，但是起到了比广告更好的营销作用，这就是视频营销的力量。那么，视频营销有哪些优势呢？

视频营销的优势

 几乎没有制作成本

 强大的互动性和社交性

 网络视频操作简单

 网络视频的营销效果显著

1.几乎没有制作成本

与传统广告相比，网络视频营销成本低得多。上面提到的Blendtec公司，他们制作搅拌机测试的视频成本是零，因为他们只是把测试搅拌机的过程录制了下来，根本谈不上制作成本。我们可以发现，在微信上传播很广的一些短视频可能只是网友随手录制下来的，几乎不用花一分钱。网友在手机上观看视频只是为了新鲜、图个高兴，所以，短视频只要能使网友会心一笑，就是成功的作品。

2.强大的互动性和社交性

互联网是一个庞大的互动世界。短视频上传到互联网上之后，如果观众对这个视频感兴趣，就会观看并进行转发，使更多人从这个视频中体会到乐趣。一些有趣的短视频会在不同的微信群和朋友圈内转发，通过转发短视频就与观众产生了互动，观看短视频的观众就会提升对企业产品和品牌的认知度。短视频在微信上的转来转去，就说明短视频已经融入了社交网络。

3.网络视频操作简单

网络视频的制作很简单，难点在于创意。只要有好的创意，把视频录制好后，上传到互联网视频网站上，或者是发布在微博、微信上就行了。

4.网络视频的营销效果显著

在本节开头的案例中，Blendtec公司制作的视频在网上播放一个月后，搅拌机的销量就增加了4倍，显示出了显著的营销效果。使用网络视频进行营销，不是把制作好的视频上传到网络上就完事了，还要及时跟踪视频传播的效果，了解网民对视频的评价，同时还要和网民进行及时的沟通互动。网民看到视频后会对企业的产品有所了解，潜在消费者会进一步了解产品的信息，进而形成购买。

随着互联网的普及和视频网站的兴起，视频营销越来越受到企业的重视，成为网络营销中的又一利器。现在，网络已经成为人们生活中不可或缺的一部分，为视频营销的发展奠定了基础。网络视频的发展势头迅猛，比尔·盖茨曾在世界经济论坛上预言，互联网将"颠覆"电视的地位。

其实，网络视频类似于电视视频短片，只是播放平台不同。网络视频是与互联网联系在一起的，网络视频营销是一种创新的营销形式，既有感染力强、形式多样的特点，又具备互联网营销的优势。也可以说，网络视频营销是将电视广告与互联网营销结合在一起的产物，它的这一特点使越来越多的企业采用这一营销模式。

如何制作网络视频

近两年来，随着短视频营销的日渐火热，很多企业和营销人员都非常乐意利用短视频对企业的产品和品牌进行宣传。也有不少人通过制作网络短视频进行创业，如果视频内容做得好，商家会纷纷主动找他们做广告。

随着网络和软件技术的发展，视频制作的门槛越来越低，但是要制作好的网络视频，还是需要很多技巧的。本节主要介绍一些视频拍摄和制作方面的实用技巧，希望对你有所帮助。

对于营销人员来说，即使自己不亲自制作视频，也一定要懂得视频是如何制作的，这样才能理解网络视频的精要，才能更好地把握视频在营销中的作用。那么，如何制作网络视频呢？

如何制作网络视频

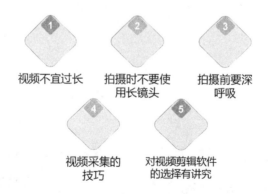

1. 视频不宜过长
2. 拍摄时不要使用长镜头
3. 拍摄前要深呼吸
4. 视频采集的技巧
5. 对视频剪辑软件的选择有讲究

1.视频不宜过长

网络视频就是要短，效果最好的短视频长度介于30秒到几分钟之间，例如很有名的财经公众号——功夫财经，它上面的视频基本都在8分钟以内。短视频就像快餐，要短小精悍。如果你制作的视频太长，分成几个小段来播放的效果会更好。

2.拍摄时不要使用长镜头

长镜头就是在一段时间内连续的拍摄，把一个镜头从头拍到尾，这样拍摄的效果显得冗长，而且难看。但是，一个镜头拍摄的时间也不能过短，这样观众可能看不明白。镜头拍摄长短的定夺有很多技巧，真正优秀的短视频都是由多个分镜头组成的。一般来说，每个镜头的拍摄时间分配是不一样的，特写镜头2~3秒、中近景3~4秒、中景5~6秒、全景6~7秒，其他的镜头一般是4~6秒比较合适。

视频内容要想引起观众的持续关注，就要拍摄移动的物体，因为观众对视频中移动的事物更感兴趣。对于视频中不重要的物体，用长镜头长时间拍摄是没有意义的。但是，也不是说长镜头不可以用，用得好也会取得很好的效果。例如，表现一个故事的整个发展过程适合运用长镜头。初学者拍摄视频最好多拍几遍，这样在后期制作时就会有较多的素材可以选择。

3.拍摄前要深呼吸

拍摄前深呼吸是为了保持镜头的稳定，如果拍摄时录像设备来回晃动，拍出的视频就会让观众看得头昏眼花。所以，在拍摄的时候要尽可能地稳住重心，可以找可依靠的物体或者使用三角架。如果这两者都无法借力，就要用自己的身体来稳住重心，具体做法是：把DV的重心放在腕部，两肘贴着肋部夹紧，双腿跨立，使身体的重心稳住。不要边走边拍摄，这样做会使拍摄镜头晃动，导致拍摄的内容也跟着晃动。

在拍摄的时候，拍摄要有间歇性，最好隔几秒钟就切换一个镜头。再就是在拍摄前先做一个深呼吸，在拍摄时屏住呼吸，这样拍摄的效果就会比较稳定。

4.视频采集的技巧

当视频素材拍好之后，下一步就是要将这些素材剪辑成完整的视频了。那么，剪辑制作之前如何对视频进行采集呢？如果你的要求不太高的话，有一台电脑、一个百元左右的1394采集器就完全够用了。在采集过程中，为防止信号损失，最好按最高质量采集，采集的格式最好保存为avi格式，因为这个格式很容易编辑和转化。同时要从网上下载一个全能视频转换器，在视频输出环节会用到。

5.对视频剪辑软件的选择有讲究

现在视频剪辑软件有很多种，可以从网上直接下载，还有教程。像绘声绘影这样一些视频剪辑软件确实简单好用，但是这些简单易用的视频剪辑软件很难提高视频的制作水平。那么，应该选择什么样的视频剪辑软件呢？我认为还是选择专业的视频剪辑软件比较好，例如Premiere。可能会有人认为专业软件操作难度大，其实专业并不代表难度就高。使用专业视频剪辑软件生成视频的时候，可以把视频的质量损失降到最低。在视频制作过程中，视频的生成最好在最后一次完成，这是为了避免多次生成视频而降低视频质量。剪辑工作其实并不复杂，但对编者的艺术修养和镜头感要求比较高。

在网络视频制作时，很多人喜欢制作长视频，这是对网络视频的误解。观众在网络上看视频不同于看电影，他们主要是想看一些新奇、有趣的内容，说白了网络视频就是快餐，没有多少人能够忍受冗长的视频。当然，除非你的视频做得非常好、非常有趣，像电影一样。但要做视频营销还是言简意赅为好，要用最短的时间表达最丰富的内容。所以视频时间不应过长，最长也不要超过10分钟。其实，网络视频制作并不难，难的是创意，只有有好的创意才能做出好的网络视频。

网络视频要有创意

会制作网络视频并不一定能做出优秀的视频，因为这无关技术，而与创意有关。要做好网络营销更需要优秀的创意，这样才能让网络视频发挥出营销的力量。前优酷网CEO古永锵说过，视频营销要做到"三有"，即"有趣、有用、有效"。做到这"三有"，首先要有创意。

创意是网络视频的灵魂，没有创意的视频就是一堆零碎镜头的剪辑，是不会吸引观众眼球的。网上那些猎奇、惊悚的视频虽然也能吸引到不少观众，但是其对营销的作用并不大。一个真正优秀的、传播广泛的营销视频必然要与品牌相结合，让在观众观看视频的时候又不觉得是广告。联合利华公司曾制作过一个经典的营销视频，这个视频既有趣又与产品结合紧密，成了经典的视频营销案例。

联合利华公司旗下有一个美容品牌多芬，这个品牌为了推广"真美运动"，制作了一系列以"蜕变"为主题的视频短片。这些短片上传到网络后轰动一时，并引发了大量的转载和讨论。

这个视频短片只有一分钟，其内容是一个并不漂亮的女子在化妆师、摄影师以及美图软件的帮助下，变成拥有高颜值的超级模特。最后出现的字幕是"毫无疑问，我们的美感已经被扭曲了"。

这个短视频"揭秘"了广告牌上的美女模特是如何"创造"出来的，

视频不仅成功吸引了观众的眼球，而且更重要的是向观众传递了该品牌"自然美"的概念。这个视频在网络上流传很广，引起了消费者的广泛讨论和互动。

随着这个小视频红极一时，多芬的品牌也得到了有效推广，并且这种推广花费很低。在这个视频的影响下，两个月内多芬在美国的销量上升了600%，6个月后在欧洲的销量上升了700%。

可见，一个有创意的视频短片在广告宣传上起到的作用，比传统广告的效果要好上不知多少倍。多芬品牌的营销视频是和产品密切相关的，并且使产品特性得到了成功的展示。在视频营销上，一个与产品息息相关的创意视频起到的广告效果会非常显著。然而有的视频营销其内容与产品没有任何关联，但是这种创意也获得了非常不错的效果，松下电视的视频营销就是一个典型的案例。

2016年11月，网络上有一个视频在两天内吸引了40多万人观看，这个视频的名字叫"如何在YouTube上现眼"。视频的内容是一个打扮前卫的青年在镜头前做各种各样的悲剧性演出，他表演的主题是命运在与他作对。

这一视频推出之后，立马引起了网民的围观。由于点击量特别大，视频很快就成了排行榜第一名，并且在各视频网站中不断转载。这个视频并不复杂，说起来还有点简单，但是它满足了网民看热闹的心态。

在这个视频结束的时候，页面上出现了松下"不可否认的电视"活动广告。这个活动要求人们用视频表现一件不可否认的事情，获奖者将得到松下提供的液晶电视一台和手持摄像机一台，这个活动吸引了十几万人的参与。

松下推出的这个视频最后取得了非常好的效果。这个视频虽然表面与松下的产品没有任何关系，但是松下借着这个视频成功地为自己做了一次广告。并且，参加松下举办的活动还有奖可拿，这就更加激起了网民参与的热情。

以上两个案例都是视频营销成功的经典案例。两个公司用最低的成本获得了最大的收益，其经验是值得我们借鉴的。如何在视频营销中创造出有创意的视频呢？以下几个方法可以作为参考：

1.要有娱乐趣味

娱乐是永远不会过时的东西，人们都有找乐子的心理。所以，在制作营销视频时，内容要有娱乐性，用娱乐来演绎广告对视频的传播会大有帮助。其实，很多成功的视频广告都是将娱乐融入广告内容中。网民上网就是为了娱乐，网民对于那些一本正经的广告往往是反感的，而对于具有娱乐性质的视频内容网民更愿意观看，即使明知道这是在做广告。

网络上曾流传这样一个视频：一天夜里，一群戴着面罩的人潜入戒备森严的美国空军基地，在美国总统的专机上喷上了"STILLFREE"的大字标语。这个视频使全世界为之震惊，甚至惊动到了美国空军。经过调查发现，原来是一个时尚公司为了进行品牌宣传，花重金租用了一架飞机并将其装扮成美国总统专机的样子，拍成了这样一个视频短片。这个具有娱乐性质的视频短片不仅使这家公司大出风头，而且获得了广告创意奖。

2.内容要轻松

雪佛兰汽车也曾制作过一个比较经典的广告视频。在视频中，一辆雪佛兰汽车被拖车吊住后，雪佛兰司机开动汽车，竟把拖车给拖走了。这个视频在网络上广为传播，并且很多人进行了转载。通过这个视频，很多人对雪佛兰汽车强劲的性能留下了深刻的印象。

对于这个视频，当时可能很多人没有意识到这是雪佛兰所做的广告，雪佛兰通过这种方式无形中完成了对产品的宣传。这样的视频内容一点都不严肃，就是一个搞笑视频，内容也很简单。一个轻松搞笑的视频成功的关键在于创意。

3.要尊重网友、尊重观众

上传到网络上的视频是给网民看的，网民可能喜欢这个视频，也可能不喜欢这个视频。网民不喜欢的视频可能会引起他们的吐槽，即使网民说了一些对视频或者产品不中听的话，在处理方式上也不要过激，要认真听取网民的意见，及时做出整改。网络营销成功的关键就是讨好网民，所以要尊重网民，否则会适得其反。

创意在网络视频制作中的重要作用是不言而喻的，但是创意并没有规律可循，只能是想办法做出让观众出乎意料的东西。有了创意后，下一步要做的就是把产品信息与创意融合到一起。那么，如何在创意中展现产品的信息呢？

1.设计好产品的故事

好的产品故事才能引起观众的共鸣，他们才会愿意传播。设计产品故事时要换位思考，站在观众的角度来看这个产品的故事是否能够让他们感兴趣。只有观众感兴趣的内容才会形成口碑，网民们才会自动传播。

2.定位好视频是给什么人看的

制作视频前要给视频做一个定位，然后针对目标人群的需求进行创意、制作。视频的内容如果能够引发目标人群内心深处的共鸣，这个视频可能就成功了。

3.思考观众看完视频后能够得到什么

我们制作视频不是为了制作而制作，而是为了进行产品和品牌的宣传。因此要关注观众看完视频后得到了什么、记住了什么。所以，在视频中植入广告的时候一定要考虑到这两点。

　　制作网络视频需要创意，但是也要注意创意是为企业的产品和品牌宣传服务的。如果营销视频的创意不能够为产品和品牌服务，那么再好的创意也不会对企业的营销有帮助，可能看视频的观众很多，但真正消费的人却很少，用户会觉得这个视频莫名其妙。所以，以营销为目的制作网络视频，视频的创意一定要以提升品牌的形象为前提。

巧妙植入广告

　　网络视频营销就是巧妙地把广告植入到视频内容中，使产品和品牌信息对观众产生潜移默化的影响，提升观众对产品和品牌的认知度。在视频中植入广告很有讲究，如果生硬地把广告植入进去，不但起不到广告的效果，还会引起观众的反感；若是能把广告巧妙地植入到视频当中，不但不会引起观众的反感和抵触，他们还会买账。

　　湖南卫视播出的亲子节目《爸爸去哪儿》里面有大量的广告植入，观众在观看节目的同时也记住了这些产品。特别是当节目中出镜的天天用稚嫩的童音念着某感冒药的广告词，观众在被逗乐的同时，商家的广告也深入了他们的内心。对于这样的广告植入，不管是有心的还是无意的，观众都不会反感。

　　网上曾有一部迷你剧叫《报告老板》，这部剧在网络上的传播相当成功，点击量过亿。其成功的因素可能有很多，我们暂且不论，单就里面的广告植入方式就很值得学习。例如，在《暮光继承者》这一集中，剧情是这样的：赞助商多次表示没有为手机淘宝植入广告，翻拍的剧情也一改再改，实际上每一次都为淘宝做了广告。而观众沉浸在爆笑的剧情中，对于这样的广告植入没有一点不良反应，反而把手机淘宝的广告也记住了。这是一集广告剧，但是其表现方式又是观众所喜欢的，所以其植入的广告大获成功。

在《暮光继承者》中，看似是生拉硬扯的硬性广告植入却植入得相当有技巧。观众看剧就是为了追求一种愉悦，这种把广告编成剧情，并以爆笑的方式呈现给观众，观众是不会介意这是不是广告的。例如《报告老板》这种剧满足了观众愉悦的观剧心理，在结尾处，导演带着工作人员因植入广告向观众"下跪认错"的情节更是激发了观众的笑点，所以观众在观剧过程中把广告也一并接受了。

凡是有故事、有剧情的视频观众都喜欢观看，即使植入了广告观众也不会计较。面对植入剧情和搞笑元素的广告，观众还是接受的。观众反感的是那种无剧情、无诚意、无人性化的广告。那么，如何在视频中巧妙地植入广告呢？

在视频中植入广告的方法

01	在场景中植入
02	在台词中植入
03	通过道具、服饰植入
04	在音效中植入

1.在场景中植入

在场景中植入广告就是在画面中展示产品或者品牌的信息，可以是实物也可以是LOGO。这种方法用得比较多，在很多影视剧中都可以看到。例如在电影《天下无贼》中，这种广告植入随处可见，像主角开的车、使用的相机等。

2.在台词中植入

在台词中植入广告就是通过视频中人物的台词来强调产品或者品牌的特性。在台词中植入广告很早就在电影中出现了，例如在《阿甘正传》

中，阿甘有一句台词是"见美国总统最美的几件事之一是可以喝'彭泉'牌饮料"。

3.通过道具、服饰植入

这种广告植入方式是让视频中的角色使用这些产品作为道具，来表现产品的性能特点，提升人们对产品品牌的认知。这种方式在影视剧中也很普遍，影视剧中主角的一些道具都是赞助商的产品。

4.在音效中植入

在音效中植入广告就是在视频中播放某些音乐或者歌词，引导观众联想到某个特定的品牌。一些品牌有自己的主题曲，例如中国移动2004年的主题曲是《我的地盘》。在电影《短信一月追》中有这样一个情节：剧中人物跟着电视里的周杰伦的歌曲学习跳舞，而这首歌曲就是《我的地盘》。中国移动就是通过音效植入，让观众听到歌曲的时候就联想到了其品牌。

现在，市场营销的手段和方法越来越多，在产品生产出来之前，企业就通过市场调查研究出消费者真正需要的产品，并且把营销的策划和创意在营销的各个环节中展开。其实，在视频短片中植入广告也应如此，要经过创意和策划，把广告和视频短片本身有机地结合起来，这样才能达到营销的效果。而那些强行植入广告或者随意找个地方就植入广告的方式已经不适应视频营销发展了。

在视频短片中植入广告成功的关键就是：广告植入要自然，没有生硬植入的痕迹。在视频短片中植入广告应该从视频的前期策划创意中开始，例如在故事的设计、剧本的创作阶段就要充分考虑到如何把产品或者品牌与视频短片做到有机融合。如果有高超的策划和创意，也可以直接做成广告短片，这需要很强的娱乐性，像上面提到的《报告老板》一样。

我们也应该认识到，虽然在视频短片中植入广告与传统媒体广告相比有独特的优势。但是，视频短片也存在两面性，其影响力是难以预测的，因为这受到拍摄预算、炒作、观众是否接受等不确定性因素的影响。这给企业带来了一定的风险，所以企业不能盲目地赞助视频短片，要赞助就要选择那些有好剧本、有一定的宣传力度并且有知名演员出演的作品，以降低投资的风险。

第十章 10

全网营销之搜索营销——
为客户精心定制信息

大部分网民都使用搜索引擎,搜索营销就是利用用户检索信息的机会,将营销信息传递给目标用户。搜索营销是利用搜索引擎平台进行网络营销的一种方式,基本思想是为用户精心定制信息,让用户发现信息并进入网页进一步了解信息,最后实现交易。

什么是搜索营销

简单地说，搜索营销就是利用搜索引擎进行营销的方式，是一种新的网络营销形式。实现的方法就是用户在搜索引擎中输入相关关键词时，在搜索的结果中会出现企业或者是产品的相关信息。搜索营销出现以来，由于其性价比高、效果明显，受到了营销人员的欢迎，现在成了一种广泛应用的营销方法。

在搜索营销中有一个重要的手段就是SEO——搜索引擎优化。随着实践的深入，SEO技术发展得越来越完善，已经成为一门非常系统的学科，用SEO做营销主要有以下几个方面的优势：

搜索营销的优势

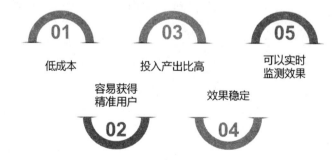

1.低成本

广告费对企业来说是一笔不小的支出，无论是传统的媒体广告，还是百度的竞价排名，费用都不低。在搜索营销中，每一次点击都需要花钱，也存在竞争对手通过恶意点击使你多花钱的情况。而通过SEO把网站优化到百度的首页一年的花费并不多，而且用户点击都是免费的。

2.容易获得精准用户

用户在搜索引擎上搜索的信息肯定是自己需要的或者是感兴趣的。通过搜索引擎进入企业网站的客户基本上都是有意向的或是有需求的。而传统营销这种没有目标客户就普遍撒网的方式不但效果差，还会引起客户的反感。

3.投入产出比高

企业在营销上都希望能低投入高产出。在众多的营销方法中，SEO是最省钱也是效果最持久的一种营销方法。虽然有的企业每年在营销方面都有大量的预算，可以在各种媒体上投放广告，但是仍然非常重视通过SEO来吸引更多的客户。

4.效果稳定

企业都有自己的网站，但一些企业网站如果不能被搜索引擎索引，那么再有价值的信息也不能被用户发现。这时候就需要对企业网站进行搜索引擎优化，以便更好地让搜索引擎收录，满足用户的搜索需求。SEO就是为搜索引擎服务的，只要企业按照搜索引擎规则对网站进行优化，并持续进行维护，不但流量会大幅度增加，而且效果也会很稳定。

5.可以实时监测效果

对于搜索营销的效果，企业可以通过百度统计工具来监测，例如关键词的排名情况、网站的收录情况等，这些监测数据都比较精准，企业可以根据监测到的数据进行SEO策略调整。

搜索引擎优化有诸多好处，但企业要对网站进行SEO必须遵守SEO的规则。在网站的SEO中，有两个词是被经常提起的，一个是"搜索引擎规则"，另一个是"搜索引擎算法"。有经验的SEO从业人员都知道，做好搜索引擎的规则和算法是提升网站排名的重要方法，能给网站带来大量流量。那么，搜索引擎的规则是什么呢？

可能一些人认为，只要控制好关键词的密度、多做伪原创、多做外链等就能提升网站的排名。然而，事实证明，这样做的结果不但不会提升排名，甚至还有被惩罚的风险，原因是对搜索规则和算法的误解，这些做法根本就不是搜索引擎规则和算法，至多算作操作时的注意事项。把这种做法当作规则和算法只能适得其反。那么，究竟什么才是搜索引擎的规则和算法呢？

要了解搜索引擎的规则，我们要知道这样一个事实：搜索引擎是一个商业产品，它的目的就是赚钱。它既不会做公益，又不会做慈善，它要做的就是要抢先占领市场，让用户习惯使用这个产品并且离不开这个产品，这样才能达到赚钱的目的。那么，如何才能让用户喜欢并习惯使用这个搜索引擎呢？搜索引擎要吸引用户的使用，就要让用户对搜索的结果满意，能满足用户的需求。搜索引擎的规则和算法就是围绕着这个思想去设计的。

为了让用户有更好的搜索体验，搜索引擎会站在用户的角度去判断搜索到的内容是否优质、是否精准。因为搜索到的内容是给用户看的，只有搜索到内容足够优质和精准，用户才会喜欢使用这个搜索引擎。所以，搜索引擎的规则和算法就是通过一些技术手段，模拟真实用户的判断标准，去判断网站的内容是否优质、精准。

知道了搜索引擎的规则和算法，那么应该如何优化网站呢？简单来说，要先实现搜索引擎的商业价值，只有实现搜索引擎的商业价值，搜索引擎才会喜欢企业的网站，并且给予优先排名。对企业来说，要帮助搜索引擎留住用户，就要为用户提供精准的优质内容。这就要求企业要围绕用户的体验去建设网站和策划内容。搜索引擎与企业的网站是相辅相成的，企业网站帮助搜索引擎实现了商业价值，搜索引擎自然会帮助网站提升排名。所以，企业网站在做SEO时不要一味地去追求规则和算法，做出优质内容才是最基本的，否则搜索引擎不会买你的账。

企业在进行SEO时要注意，不要为优化而优化。企业网站的内容主要是给客户看的，如果内容是给搜索引擎看的，那么这样的网站必定会没有优质的内容，并且质量也不会高。为优化而优化，只会造成网站被搜索引擎的收录下降、排名下降。

优化网站SEO的七个步骤

企业建立网站的最终目的是为了营销。为了做好营销，对企业网站进行SEO是非常重要的。对企业网站进行优化，第一，可以使企业的产品和服务更完善，能不断提升客户满意度；第二，避免企业网站因没有优化而给企业带来损失；第三，给企业网站带来大量流量，进而使流量变现，给企业带来巨额收益。

那么，企业网站如何做好优化，使搜索引擎青睐有加呢？下面七个步骤可以作为网站优化的参考。

1.网站定位

在做网站优化之前，首先要清楚网站是做什么的，也就是要明确网站的定位，而不是一上来就设置关键词，盲目设置的关键词效果不会很明显。只有对网站营销的产品、提供的服务有了清晰的了解，才能围绕这些内容去设置关键词。如果是一个做营销的网站，那么网站的主关键词就应该是"网络营销""网络推广"这样的词。

2.选择关键词

一般来说，网站主要由首页、栏目页、内容页等构成。相对来说，首页的权重是最高的，然后是栏目页、内容页。所以首页是优化的重点，要把最难优化的核心关键词放在首页标题中优化，在首页标题中要优化3~5个核心关键词。

（1）什么是关键词

简单来说，关键词就是用户在网络上寻找产品或服务时输入的文字。

（2）关键词的用途

关键词的主要作用是，在用户搜索与企业产品或服务相关的关键词时能使企业的网站排在搜索结果的前面。用户通过点击企业网站、了解企业产品或服务，进而实现交易。

对网站优化来说，确定关键词很重要，关键词必须是用户搜索的。如果关键词没选对，即使网站优化得再好也没有什么用，不可能给网站带来精准流量。选好关键词以后，接下要做的就是对关键词进行排名。具体做法是通过技术优化手段把网站排在最前面，使网站在搜索中能有一个良好的排名。例如，标题做好之后把关键词布局在网站上，然后与权重高的网站进行友情链接。

优化网站是为了吸引用户关注网站，所采取的技术手段都是为这一目的服务的。最重要的是网站要有优质的内容，优质的内容能给用户带来良好的体验，吸引用户点击网站，给网站带来精确流量。可以说，关键词就是吸引用户进入网站的"敲门砖"。

（3）找到核心关键词

什么是核心关键词呢？核心关键词就是与企业产品或者服务最相关、转化率最高的词。在对网站的标题进行优化时，因为标题的字数有限制，最多可以写30个字，所以要选择3~5个核心关键词进行优化排名。

（4）如何选择核心关键词

一般来说，核心关键词的选择有三种方法：

一是要对企业的产品或服务有深入的了解，同时也要了解客户的搜索需求。

二是选择关键词有一个简单的方法，就是在网上找到与自己的产品服务相同或者相似的网站，这些网站一定要排在首页。然后，从这些网站里面挑出关键词，放到自己的网站上。因为搜索排名靠前的网站都是在SEO方面做得比较好的，它们所选择的关键词都有共性，都是用户搜索需求最大的词。这样选择关键词虽然简便，但是也要把自己企业的特色融入进去。

三是使用百度推出的"关键词规划师"工具，这个工具是目前最好用、数据最精确的关键词分析工具。这个软件的获得也比较简单，只需要注册百度推广获得账号就可以使用，并且不收任何费用。

当核心关键词确定之后，要分析这些核心关键词的竞争程度。如果要做的是一个新网站，对于那些竞争非常激烈的关键词在竞争上就不占优势。如果刚开始想获得一个好的效果，还是选择那些竞争力一般的关键词。

（5）如何判断关键词的竞争程度

有三种方法可以判断关键词的竞争程度：一是在搜索引擎中输入选择的关键词，观察前几页的搜索结果。如果前几页的搜索结果都是网站首页，那么就表明这个关键词是竞争激烈的关键词；二是在搜索结果中看有多少个页面，页面越多，竞争可能就越激烈；三是看关键词的搜索量，看这个关键词每天有多少人搜索，搜索量越大说明竞争越激烈。以上这三种方法是比较简单的判断关键词竞争程度的方法，对新手来说特别有用。

（6）如何写网站标题

关键词选定之后，下一步就是围绕关键词撰写标题了。在撰写标题时，也要设置一些与产品或服务相关性强、有一定搜索量的词。标题的字数不要超过30个，同时也要注意，关键词太多会分散权重，不利于关键词的排名。

3.关键词的布局

简单来说，关键词的布局就是把选定的关键词合理地放在页面位置上。那么，如何进行关键词布局呢?

（1）在标题中布局关键词。标题中的关键词不要放置太多，以3~5个为宜。因为，关键词太多会使权重分散，不利于优化。关键词放置的顺序也要注意，越重要的关键词要越靠前，因为越靠前分到的权重越高。

（2）在内容描述中布局关键词。在网站首页，都有对产品或服务的描述，在这段描述中可以放置关键词。要注意的是，描述应该是一段连贯的话，而不是关键词的罗列，字数最好不超过80字，把标题中的关键词融入进去。

（3）在网站导航中布局关键词。网站导航的权重一般比较高，在导航中放置关键词能增加搜索权重。需要注意的是，在导航中放置关键词要以不影响用户的体验为宜。

（4）通常一个网站的页面会分为若干板块，板块中也会显示若干文章标题，所以我们可以在板块名称和文章标题中布局关键词。

（5）友情链接及版权信息都设置在网站的底部，这里也是放置关键词的好位置。

一般来说，有文字的地方都可以放置关键词，但是关键词的放置要美观，不能胡乱堆砌。同时，也要注意关键词放置的密度，不是越密越好，2%~8%是一个比较理想的关键词密度数值。密度过大，会影响排名，会被搜索引擎认为是作弊；密度过小，会被搜索引擎认为这个词与网站内容不相关，而不给予排名。

4.利用长尾关键词

简单来说，长尾关键词就是那些非核心的但是也能带来一定流量的关键词。之所以叫长尾关键词，就是这些关键词比较长，是由多个词或短语组成的。

长尾关键词虽然没有核心关键词的搜索量大，但是比较精准，带来的客户成交量比较高。那么，怎么找到长尾关键词呢？就是要根据用户的搜索和行为、需求和习惯，找到用户可能会搜索到的各种词，然后把这些词按照用户的搜索需求撰写成长尾词。

利用长尾关键词来撰写文章，这种方式的确可以引流。但是要注意，文章数量少是引不来多少流量的。对一个企业来说，每天更新的文章至少不低于3篇。如果有足够的人力物力，嵌入长尾关键词的文章是越多越好。如果按照不同的长尾关键词撰写足够多的文章，其带来的流量不可小觑。

5.对网站进行诊断

在对网站进行优化之前，首先要做的是对网站进行诊断。只有确切知道网站的问题在哪里才能对症下药，从而找出最合适的优化方案。那么，如何对网站进行诊断呢？

（1）看网站有没有404页面。404页面是在网址错误或者页面被删除或不存在时才出现的页面。如果网站没有404页面，用户就会流失，404页面可以有效地挽回部分用户。

（2）测试网站打开的速度是否够快，可以通过一些专业的网站测试工具进行。

（3）看网址是否静态化。对网站优化来说，静态的页面有利于优化。所以，在条件允许的情况下，尽可能将页面全部转化为静态页面。

（4）看网址的层次是否多于4层。一般来说，网址的层次越深，搜索引擎抓取就越难，这样就会导致权重降低。所以，网站网址的层次最好不要超过4层，如果层次过多，就需要进行优化。

（5）让搜索引擎识别图片里的信息。图片是网站的重要组成部分，也是用户比较喜欢的内容。按说搜索引擎识别不出图片里的文字内容，要想让搜索引擎识别图片表达的意思，就要给图片添加文字提示，通过文字对图片进行命名或者描述。在对图片进行命名或描述的时候添加上与主题有关的关键词，在用户搜索图片信息时就能获得排名。

（6）看域名是否做了首选域名。一个网站通常默认两个域名，一个是加WWW的，另一个是不加WWW的。搜索引擎会认为这是两个不同的域名，并且对这两个域名都会给予权重和排名。但是，我们在进行域名优化的时候，只能对一个域名进行优化，重点提升一个域名的权重和排名，这个重点优化的域名就叫作首选域名。

如何检查网站是否做了首选域名呢？检查方式就是网站不带WWW的域名是否能跳转到带WWW的域名上面。如果没有跳转，就要找技术人员进行修改。

（7）网站中是否有打不开的链接。网站中打不开的链接被称为死链接。当打开死链接时页面将无法显示，死链接既不利于网站进行优化，又不利于用户体验。解决这个问题有两个方法：一是设计好404页面，用户点击无效链接时会自动跳转到404页面；二是如果是原来的内容被删除而导致链接不了，可以恢复原来的内容。

以上是网站诊断的七个方面。除了这七个方面外，还要对标题、描述、关键词布局进行诊断。诊断完以后要撰写诊断方案，以便于优化人员进行操作。

6.建立反向链接

反向链接是指各种指向页面的链接。反向链接可以把一个页面上的权重传递到另一个页面上，页面质量随着链接数量而提高，页面的权重越高，越有利于链接页面中的关键词提升。反向链接分为内部链接和外部链接两种形式。

（1）内部链接

内部链接指的是在同一域名下的页面之间的相互链接，它有三方面的作用：一是有利于搜索引擎抓取网站的内容；二是有利于增加用户的黏性；三是有利于提升关键词的排名。做好内部链接需注意四个方面：

一是网站导航，网站导航是权重非常高的内部链接，是建设内部链接的重点；二是锚文本链接，就是在文章中的关键词中建立链接；三是文章相关链接，就是在文章的左右两侧或者文章的底部推荐一些相关的文章；四是通过站点地图建立链接。

（2）外部链接

外部链接是指其他网站指向这个网站的链接，它有两种形式，一是锚文本外链，二是网址外链。

外部链接对小网站非常重要。通常来说，只要能留链接的第三方网站都可以利用。但是，很多网站是不允许留链接的，目前比较好的外部链接方式是论坛链接和友情链接。论坛链接就是在论坛中发帖子时留下链接。论坛链接的优势是选择空间大、开放度高。选择论坛的标准是：权重高、流量大、相关度高、允许外链。友情链接是两个网站相互在自己网站加上对方网站的关键词链接，也是权重比较高的一种链接。选择友情链接要注意的是，一周换3~5个友情链接即可，总数不宜过多，30个就可以了。

论坛链接和友情链接是建立外部链接的两种方法，其他方法在这两种方法上延伸即可。

7.及时调整

企业要监控网站优化的效果，要根据优化的效果及时调整优化策略。如果在优化中出现以下几种情况，要及时做出调整。

（1）排名靠前，但点击量不够。这种情况下要做的就是增加标题和描述要围绕用户的需求，提高吸引力，增加点击量。

（2）搜索排名不稳定。这就要增加外链或是网站内容的转载量，做出的内容要对用户有价值，让用户自发地转载。

（3）网站收录不好，对用户没黏性。这种情况还是要围绕用户的需求做内容，并增加文章在其他相关文章搜索中出现的机会。

以上七项内容是做好网站优化的方法，希望对读者有所帮助、有所启发。

如何做好竞价排名

　　竞价排名是按点击量收费的一种网络推广方式，其特点就是在搜索结果页面中，当用户点击了企业的链接时才收取费用，不点击不收费。这种推广方式让企业可以自行控制单击的价格，出价越高，搜索的排名越靠前，被点击的可能性就越大。竞价排名虽然作为一种付费推广方式有很强的目的，但是它能精确统计用户单击情况，并且还可以根据不同的时间段和地区进行投放，增加投放精准度。

　　在我国，百度公司首创了竞价排名产品百度竞价，这是一种按效果付费的网络推广方式。这是基于百度搜索平台的一种网络广告，其实现的效果是和SEO的效果一样的。竞价排名与SEO也有一定的区别：SEO是通过技术手段来获得排名，而竞价排名是通过花钱来购买排名。这两种推广方式哪种效果好呢？我们先看一下它们在操作上的优劣。在操作SEO时，由于技术和资源的限制，选择的关键词是有限的，并且一些竞争激烈的关键词是很难优化上去的。而竞价排名对关键词的选择没有限制，只要与产品有关的词都可以选择，对于竞争激烈的词可以通过竞价来获得排名。所以，企业在有条件的情况下，这两种方式可以同时进行。

　　下面以百度竞价为例，介绍一下如何做好竞价排名。百度竞价主要是通过操作百度竞价的广告账户实现的。要做好百度竞价排名，先要了解百度账户的操作流程和要点。

178

1.百度竞价账户的结构

百度竞价账户分为四个部分：推广计划、推广单元、关键词和创意。这四部分构成了百度竞价账户的核心。

（1）推广计划

推广计划是进行竞争排名的第一步，可以根据不同的关键词建立多个推广计划，各个推广计划可以单独设置推广地域、预算、推广时段。推广地域是根据业务情况以及不同地区的用户需求来确定的。推广预算要根据推广计划的侧重点进行合理分配，最好使用"每日预算"，这样能保证预算能平均分配到每一天。推广时间段的选择要根据产品的需求特性、客服的在线时间以及流量高低来确定。

（2）推广单元

建好推广计划后，下一步就要是建推广单元，有了推广单元才能加关键词进行推广。在一个推广单元里可以设置很多关键词，并且可以对关键词进行分类，使账户更加明确、清晰。一个推广计划可以新建1000个推广单元，这有利于以后对关键词的统计和数据分析。

（3）关键词

关键词的选择是竞价排名的核心之一，在竞价排名中关键词要有转化率，否则就是浪费金钱，所以选的关键词一定要精准。选择关键词要注意以下几点：一是要有一定的搜索量；二是能体现用户的明确购买意图；三是一定要和企业、产品及服务相关。

（4）创意

创意，简单地说就是展现在用户面前的推广内容。只有好的创意才能吸引用户单击，用户单击进入企业网站，才可能产生购买行为。撰写创意要注意以下几点：一是突出产品与服务的优势与卖点；二是展现价格和促销信息等内容；三是能满足用户的某些需求；四是适当使用数字或特殊符号来增加吸引力。

2.百度竞价账户的建立

（1）首先，根据企业的产品或服务的特点来选择关键词，并进行分类。百度竞价后台自带有关键词分析和选词工具，企业可以根据自身的需求自行选择。

（2）根据关键词的分类创建推广计划和推广单元。

（3）在推广计划和推广单元创建完成后，把前面选择的关键词设置在里面。

（4）关键词设置好后，针对关键词撰写创意。

（5）对推广地域、预算、推广时段进行设置。

（6）设置关键词的匹配方式和出价。

至此，百度的推广账户设置完成。其中，关键词的匹配方式和出价是百度竞价排名推广的一个重要环节，下面分别对它们进行详细介绍。

3.关键词匹配方式的设置

关键词匹配的作用：用户在搜索引擎中输入的词与关键词匹配的程度决定了企业的推广能否得到展现。

（1）关键词匹配方式的分类

关键词匹配的方式有三种：精确匹配、短语匹配、广泛匹配。

①精确匹配，指的是当用户输入的词与企业设置推广的关键词一致时，企业的推广才会展现出来。精确匹配的优势是流量比较精准，转化率高；缺点是流量少。

②短语匹配，指的是当用户输入的词包含企业设置推广的关键词时，企业的推广就会展现出来。短语匹配与精确匹配相比较能获得较多展现量和单击量；缺点是客户不精准、转化率不高。

③广泛匹配，指的是用户输入的词与企业设置推广的关键词高度相关

时，企业的推广都会展现出来。广泛匹配的优点是能带来大量的流量，但是由于这些流量的精准度不高，转化率还不如短语匹配，而且很多流量属于垃圾流量，浪费企业的推广费。

企业只有选择一种合适的匹配方式，才能获得精准流量并提高转化率。但是，要注意的是，竞价账户默认的是广泛匹配，如果想调整匹配方式使用可以进行修改。

（2）关键词匹配方式的设置方法

不同的关键词匹配方式满足了不同客户的搜索需求，企业在设置关键词的匹配方式时，要根据企业的实际情况来决定。下面的几个设置方法，可以作为参考。

①根据企业的推广目的确定。企业是为了销售产品或是为了进行品牌宣传，不同的目的可以选择不同的匹配方式。以销售为目的的匹配方式就要精准一些，以宣传品牌为目的的匹配方式可以广泛一些。

②根据推广预算确定。预算有限时要以精准匹配为主，预算宽裕时匹配方式可以广泛一些。

③根据关键词的定价来确定，不同的关键词推广价格是不一样的，价格高的关键词可以精准一些，价格低的关键词可以广泛一些。

④根据关键词的搜索量来确定，对于那些搜索量大的关键词应尽量设置得精准一些，对于搜索量比较小的关键词可以设置得广泛一些。

⑤在搜索营销中可能会有一些不精准的关键词，导致浪费推广费用。为了避免这种情况的出现，可以设置否定关键词，当用户搜索的关键词不够精准时，否定关键词的辅助工具能使不够精准的关键词被屏蔽掉，从而使流量更加精准。

3.关键词出价的设置

关键词出价就是推广企业愿意为一次点击所支付的最高费用，关键词的出价高低直接影响到关键词在搜索中的排名。例如你的网站推广中有一个关键词很热门，你想让这个关键词排在搜索结果前三的位置，那你的关键词出价就要比其他网站的高一点，才有可能排到前三。那么，如何对关键词的出价进行设置呢？

（1）根据推广预算来定，预算少的时候可以适当出低价，用最少的钱来获得最精准的流量；预算较多时可以适当出高价，来获得更好的排名。

（2）根据关键词的商业价值来确定，对于那些精准度高、转化率高的关键词可以适当出高价，提高销售量。

（3）根据投放地区来确定，每个地区对关键词的竞争程度不同，所以要根据不同的地区设置不同的出价。

（4）根据投放时间段来确定，关键词的竞价是随时间变化的，不同时间段的价格也会有所不同。企业要根据不同的时间段设置不同的出价，以节约推广费用。

以上我们以百度竞价为例，讲解了竞价排名的原理以及操作要点。总体上来说，百度竞价排名并不复杂，但是涉及的细节非常多，所以在做竞价排名时要在精细化上下功夫，大家可以在实践中不断积累经验和技巧。

第十一章 全网营销之内容营销——
内容为王

在社会化媒体时代，有价值的内容才是全网营销成功的关键。全网营销离不开内容，只有优质的内容才能吸引消费者的关注、吸引消费者的眼球。坚持内容为王是全网营销成功的前提。

消费者喜欢有价值的内容

随着互联网和新媒体的发展，营销也发生了变化。发广告宣传单、电话推销、过度推销等传统的营销方式越来越不受人们的欢迎，投入大量的广告费用不说，效果往往还不如人意。消费者们认为这样的营销方式是一种骚扰，总是想千方百计过滤掉这样的信息。这就对企业的业务拓展造成了挑战。

随着消费者消费心理的变化，营销方式应该能向客户提供有力的帮助。而对于有价值的、能给客户提供帮助的内容，客户会主动地关注与传播。企业如果能很好地利用内容进行营销，会在无形之中扩大企业产品和品牌的影响力。

伦敦奥运会期间，宝洁成为奥运官方的合作伙伴之一。宝洁为借助奥运会合作伙伴的契机，策划了《奥运父母汇》这样一个节目。这个节目的主题是"每一个伟大的运动员背后都有一位伟大的母亲"，"关注奥运冠军的母亲，为母亲喝彩"。这个主题与宝洁提供最优质的产品、帮助母亲为家人改变并提高生活质量的品牌核心是相通的。

宝洁策划的营销内容不仅向消费者传递了宝洁的产品信息，而且也传递了宝洁的品牌精神与对消费者的人文关怀。为了做好这次内容营销，宝洁公司选择与代理公司竞立媒体、媒体平台腾讯网一起，共同打造一些可传播的、消费者觉得有价值的内容。这样的内容与传统硬性媒体广告完全不同，但是却深入人心，受到人们的喜爱。

在这次的视频节目中有一段这样的内容：刚刚获得金牌的运动员收到了节目组设计的意外惊喜，是自己的妈妈从中国带来的亲手栽种的番茄，当运动员咬下番茄的时候眼泪也掉了下来。看到这一幕，观看节目的消费者也同样被打动了。

宝洁这次的内容营销就是把自己强调感谢母亲这样的品牌核心与国际级运动赛事良好地结合起来，起到了很好的营销、宣传效果。宝洁这次活动的营销内容就是从最广大受众的情感需求出发，靠内容迅速打动了人心。

传统的硬性广告已不得人心，因为这样的广告方式会让人觉得不舒服，广告效果自然不佳，即使耗费大量金钱，收效也不大。而通过优质的内容来营销，即使投入不大，效果却能很明显。宝洁的这次软性广告正是显示了内容营销的力量。再如，罗振宇在他的公众号"罗辑思维"里销售图书，经过他推荐的图书销售量都会很大。他推荐图书的时候并没有大量地投放广告，而是在他的自媒体"得到"App中做一期节目，这期节目围绕他所推荐的图书内容做策划，内容很优秀，大众都喜欢听，听了节目之后很多人都会从他的"得到"App里下单购买图书。现在很多人说图书行业很难做，这也是事实，而罗振宇却能把图书销售做得风生水起，这就得益于内容营销的力量，因为他为用户提供了有价值的内容。

当今很多成功的企业都是通过内容营销提升自身形象的，无论市场环境如何恶劣，他们仍然能够取得成功。他们就是依靠网络和现代媒体，为大众提供优质的内容，传递大众喜欢的信息。他们既不需要铺天盖地地打广告，也不需要打促销电话，就可以把自己的信息高效地传递给客户，当客户接受他们的内容的时候就会主动地联系他们。

内容营销使营销变得不再难，无论是通过公众号、博客，还是微博进行营销，最根本的都是内容，因此，企业要创造大众喜欢的、有价值的内容。凡是在营销上做得成功的企业都采用了正确的内容营销方式，都是向有营销价值的客户群体无私地提供有价值的内容。做内容营销基本的原则有以下几点：

1.主动开展在线营销

主动开展在线营销活动，在互联网上无私地分享自己的知识。

2.发布有价值的内容

在媒体上不是直接发布销售信息，而是发布有价值的内容，通过这些有价值的内容来吸引消费者。例如公众号"一条"，它上面的每一条广告都不是单纯的广告，在广告里有对消费者有帮助的内容。

3.内容简洁易懂

清楚地了解自己的目的，也了解客户群体，从而在媒体上能给客户提供简洁易懂的、有针对性的相关内容。

4.保证内容的质量

在媒体上发布真实的、原创的、对用户有益的内容，这些内容是让企业脱颖而出的决定因素。

善于做内容营销的企业都是把有价值的内容作为营销的核心，他们将自己的知识、经验和思路转化成对客户有意义、有帮助的信息。他们把这些信息发布出来，无论用户是否购买他们的产品或服务都可以获得这些信息。这不但为企业树立了良好形象，同时也赢得了潜在消费者。因为消费者通过这些有价值的内容，才会接触并了解企业的产品服务，进而成为消费者。这对企业和消费者来说是"双赢"。

随着自媒体和社交媒体的兴起，2016年，内容创业成为创业者的又一阵地，通过内容吸引粉丝、完成营销，进而变现，是内容创业者的普遍做法，这方面的代表者罗辑思维、一条、咪蒙等。所以，在新的消费时代，内容营销要随着消费者心理的变化，为消费者提供他们喜欢的、有价值的内容，才是王道。

什么是有价值的内容

在"自媒体"时代，内容营销受到了企业和个人的重视，但是只有有价值的内容才能吸引消费者的关注。那么，什么样的内容才是有价值的内容呢？我们先看一个案例。

New Balance进入中国时完全依靠代理商销售产品，该品牌的中文名是"纽巴伦"。后来，由于中国的代理商不但抢注了"纽巴伦"的中文商标，而且还私自扩大生产、降价销售，New Balance被迫退出了中国市场。

之后，New Balance卷土重来，这次他们弃用了中文名，还成立了新百伦贸易公司，但是没有快速引爆市场。无奈之下，New Balance展开了大动作，在中国开设了两百多家零售店，但是销售也并不乐观。

在这种情况下，New Balance改变了营销策略，为了清晰地传递品牌信息，只主打慢跑鞋、复古休闲鞋、英产、美产及童鞋，并且针对每个系列的产品都有相应的内容营销策略。这一营销策略的实施使New Balance在中国内地的年销售额达到三位数的增长，门店数量也发展至1600多家。

那么，New Balance是通过什么样的内容营销使业绩快速增长的呢？以574系列为例，这是New Balance的经典入门款，主打年轻人市场，尤其是大学生或刚进入社会的新人。在这一系列的营销上，New Balance通过系列微视频，以"青春永不褪色，正如574三原色"为主题，讲述了几个关于年轻人的爱情、友情的故事。故事在创意和拍摄手法上都很符合年轻人的审美。通过这些故事，给574这款鞋赋予了情感价值，打动了年轻人的心。

又如，580系列本来是New Balance 20世纪90年代的标志性鞋款之一。为了给这款鞋做营销，New Balance通过微信游戏——新街头主义，让潮人们给580上色并署上自己的名字，然后在朋友圈分享，成为朋友圈新街头主义的启蒙者。这一个性化十足的做法倍受潮人们的喜爱。

在英产、美产系列上，New Balance邀请李宗盛主演了微电影《致匠心》，表现了资深工匠们制作工艺品的匠人之心。他们苛求品质，精心制作出一双双New Balance慢跑鞋。New Balance的各种经典鞋款还邀请网络意见领袖顾爷在其微信"一条NB的广告"上，讲述他对鞋的怀旧之旅。

New Balance就是通过一系列有价值的内容进行营销，打开了在中国的营销局面。

从上面这个案例中我们可以看出，New Balance初次进入中国市场以失败告终；当第二次重返中国市场后在长达将近十年的时间里，在销售上仍没有起色。2012年，随着互联网和新媒体的兴起，New Balance抓住这个机会策划了一系列有价值的内容营销，才使品牌深入消费者的内心，打开了销售局面。

现在，内容营销已经引起人们的重视，但是不少人对内容营销仍存有误区，他们认为内容营销就是不做硬性广告，而通过软文营销，甚至是通过写段子、拍视频等进行营销。其实无论是写软文还是拍视频，都要有有价值的内容。这里有价值的内容强调的是"内容"，就是在创作"内容"时有目的性，是为特定人群创建有用信息，这样才能够打动特定的客户。所谓有价值的内容，就是对目标人群有教育意义的、有帮助或激励作用的内容，并且内容要得到他们的认同和好评。

索尼娅·杰斐逊、莎伦·坦顿所著的《内容营销》一书中，对"有价值的内容"总结出了以下几个特点：

（1）能发挥作用——能起到教育、告知、娱乐等作用。

（2）聚焦能力——对于目标用户有一定的相关性和特殊意义。

（3）内容清晰引人注目——讲述一个人们能够理解并容易产生共鸣的故事。

（4）高质量——制作精良，有一定的趣味性，言之有物。

（5）有真情实感——用心去写，让人们感受到制作者的心意。

所以，无论是企业还是个人，在开展内容营销前都要知道什么样的内容才能打动客户。正如查尔斯·H.格林所说："要想有价值，内容必须从客户的角度而言有自己的特点，必须有存在的意义。"

通过有价值的内容进行营销，把有价值的内容与客户联系起来，能给营销带来非常好的效果。因为有价值的内容能够吸引到大量的关注者，不但能扩大品牌的影响力，而且能挖掘出潜在的消费者。

如何生产有价值的内容

现在，内容创业和内容营销很火热，企业制作的内容更是铺天盖地，让人们目不暇接。然而，真正在这方面做得好的企业并不多。很多企业或者个人发表了不少博文、公众号文章、视频或者图片，却很难吸引到大家的眼球。

很多人进入这些网站或者博客后扫一眼就离开了，或者看一眼公众号文章就关闭了，更谈不上去关注公众号。那么，如何才能使你创作的内容能够吸引读者关注呢？那就是你所创作的内容必须要有一定的质量，能给读者提供有价值的东西。有价值的内容才是做好内容营销的核心。

Contently是一个做内容营销的网站。它刚上线时，与当时行业内的大公司相比非常不起眼。这家公司选择的策略就是为客户创造高质量的营销内容，帮助他们更好地进行品牌营销。

然而，那时Demand Media公司所的做事情与Contently公司相似，是Contently最主要的强力竞争对手。因此，一开始Contently公司发展得非常艰难。事情的转机出现在Google推出了一种新的反垃圾网站的搜索引擎算法，这是Demand Media的灾难，却是Contently的春天。

Demand Media公司制作的低质量内容被Google的新算法降低了网站排名，而为用户提供高质量内容的Contently公司则借此实现了快速追赶和超越。

Contently公司能后来者居上，与他们创作营销内容的策略是分不开的，从一开始他们就注重营销内容的质量。虽然内容营销强调的是内容为王，但是只有优秀的、高质量的、有价值的内容才是王道。那么，如何生产出有价值的内容呢？以下几个方面可以作为参考。

如何生产出有价值的内容

1.尽可能了解你的用户

在创作营销内容之前，必须对你的用户群体有精准的定位，包括他们是哪一个年龄段的人，他们的性别、他们感兴趣的是哪方面的内容等。只有尽可能多地了解用户的信息，才能根据营销的产品或服务的特点有针对性地制作内容。如果对用户不了解，只凭自己的主观想象来制作内容，那么这样的内容对目标客户的价值也是有限的。

你所做的内容最终是根据你对目标用户的了解来确定的，你要将自己制作的内容本身看作是一款产品，这款产品必须保证与目标用户的需求相匹配，这是成功的内容营销的基本要求。因此，在生产内容之前，要对用户的需求进行深入挖掘，这样才能找到你要写的营销内容，才能确保内容对用户的价值。

2.内容要接地气

接地气的内容就是能解决大家需求的内容、能给大家提供帮助的内容。只有接地气的内容才能吸引大家的关注。如果你生产的内容高高在上，谁也看不懂，对大家毫无帮助，想要吸引大家的目光可谓难上加难。例如人民网的微信公众号就是定位为"做接地气的东西，发老百姓看得懂的内容"，使粉丝数从最初的十几万猛涨到300多万。

3.内容要个性化、差异化

做内容营销生产的内容就要与众不同，千篇一律的东西肯定没人喜欢看。所以，在生产内容之前要做一些深入分析，最好能够找到那些别人没有做过而你可以做的内容，开拓一个可以让你占有的热门内容领域，或者是别人已经做过而你可以做得比别人更好的内容领域。如果可能的话，召集相关人员就营销内容进行一次头脑风暴，碰撞出最合适的内容主题。所谓"磨刀不误砍柴工"，虽然这需要花一些时间，却是值得的。

找到适合制作内容的主题后，还要进一步挖掘出读者阅读内容的内在动力。这就要对潜在读者进行心理分析，如果能找到制作这期主题的原因，你制作的内容就成功了一大半。

4.在内容创作上要花足够的时间和精力

作为内容创作者，我们必须知道：要创作出优质的、有价值的内容是需要花费时间与精力的。对内容营销来说，如果不能生产出优质的内容，其他的工作就无从谈起。无论你创作的内容是文字内容还是视频内容，如果只注重数量而不注重质量，那就很难取得效果。

劣质的内容对内容营销是非常不利的，能给网站或公众号带来粉丝的是真正优质的、干货多多的、可读性强的文章。所以，内容创作者在创作内容的时候要花时间认真研究、精心打磨文章，要以创作出优质的内容为创作目标。

5.要会讲故事

人们天生喜欢故事，好的内容一般都有一个好的故事。好的故事能打动人心，能体现出内容的价值。而内容的价值又是和营销的价值联系在一起的，有价值的内容不是赤裸地向读者推销，而是引导他们关注那些他们真正需要关注的事情。内容专家Meryk. Evans说："讲故事是创造有价值内容的一个高明方法。故事更加容易被人们记住，并且让你的目标受众认识到，人是最重要的资产。"所以，内容创作者首先要成为一个会讲故事的人。

内容营销就是为用户提供真正有价值的内容。你创作的内容对读者是否有价值？是否能改变读者看待某件事和周围世界的方式？是否能为读者提供一些帮助？这些都是判断内容是否有价值的标准。有价值的内容能给读者提供有价值的东西，能对读者产生黏性，让读者因喜爱而持续关注这方面的内容，甚至主动传播这些内容。简单地说，读者喜欢那些小贴士、案例研究、激励、与众不同的洞见、独特的写作思路等内容，因此，创作最吸引读者的内容就要把这些要素综合起来考虑。

如何撰写有价值的内容

在自媒体时代，企业都很重视内容营销，而内容营销的重点正在于内容。撰写出有价值的内容是每一个内容创作者梦寐以求的。那么，如何才能撰写出有价值的内容呢？

在撰写内容之前，首先要做的是给读者定位，即知道这些内容是写给谁的、谁会看这些内容。给读者定位就是要全方位了解你的客户，知道他们的需求，并确定提供什么样的内容能帮助他们。其次，给内容确定主题，即撰写什么内容。在主题的选择上，要选择那些人们关心的主题，这样才能吸引读者。因为人们只关注自己关心的主题，对与自己无关的主题往往会自动忽略掉。最后，以什么样的方式来写。

用什么方式来撰写内容没有固定的模板。总之，内容是用来沟通的，要尽量通俗易懂，对于太费脑筋的内容，很少有人愿意去读。优秀的内容都有共同的特点：用词准确、清晰，易于理解。那么如何确定撰写方式呢？

（1）换位思考，站在读者的立场考虑问题。

（2）不要使用艰涩难懂的术语。

（3）注意语句间的停顿。

内容营销是网络营销的一种方式，也要重视与读者的互动。那么，如何加强与读者的互动性呢？正如吉姆·康诺莉所说："始终坚持站在读者的角度来想事情。他们会怎么想？会有什么样的感触？什么使他们烦恼？他们想听到什么？我怎样才能吸引他们的关注？并使他们可以坚持读下去？"

我们撰写的内容是给读者看的，只有站在他们的角度来思考问题、撰写他们所关心的内容，才能吸引他们的关注。在撰写内容时，使用活泼的文字更能打动读者。在文章中注入一些正能量，能更好地引起读者的关注，比如可以把每段的起始句写得与众不同，吸引读者一路看下去。

现代的生活节奏快，人们的自由时间少，没有人喜欢看那些长篇大论、言之无物的文章。文章太短，读者的兴致刚调动起来就结束了；文章太长，读者又没有耐心读下去。因此，在网络媒介平台上发布的文章字数不宜过多，通常以800~2000字为宜。

那么，如何在800~2000字内使撰写的内容有深度呢？最好每隔几百字分一个小标题，阐述自己独特的观点。文字要简洁精练，好像与朋友聊天一样，娓娓道来。因为，现在的人都喜欢平易近人的文风，对那些板起脸来训人的写作方式，读者会敬而远之。

在文章的内容上一定要坦诚，这样才能与读者建立感情。另外，读者希望看到的内容是与众不同的，所以要给读者提供一些个性化的内容。现在进入了移动互联网时代，手机屏幕就那么大，即使我们手头有很多资料也不可能都放上去，因为"多"并不符合读者使用手机阅读的习惯。因此，我们要学会使用最少的文字表达出最多的内容。那么，应该如何去做呢？

1.准确了解读者所需求的内容，这样能帮助我们把最重要的内容提供给读者。

2.不要讨论太多的问题，太多的观点容易使力量分散。

3.使用主动语态，加深读者印象。

4.多使用短句，便于读者阅读。

5.有能使读者产生情感共鸣的内容，吸引读者的注意力。

6.认真修改，把不重要的内容统统删除。

在内容的撰写上，可以采用倒金字塔式的结构，把最重要的信息写在前面，这样一开始就抓住读者的注意力，让他们有继续读下去的动力。

现在是信息爆炸的时代。在信息的海洋里如何使读者点击你的文章呢？读者是通过浏览信息寻找阅读内容的，于是给文章拟一个吸引眼球的标题十分重要。可以说，标题是吸引读者阅读内容的一把钥匙，如果没有这把钥匙，即使有再好的内容，读者也是不得其门而入。所以，学会写标题对内容创作者是一项必备的能力。那么，如何给文章撰写一个吸引人的标题呢？

1.标题要简洁，使用尽可能少的文字总结出内容的要点。

2.在标题中使用关键词，无论是对搜索引擎还是对潜在读者都非常有用。

3.站在读者的角度，考虑读者想要知道什么。

4.标题可以使用提问句式，引导读者去寻求答案。

5.使用"如何"式标题，引起读者的兴趣。

6.人们都渴望成功，用许诺成功的内容作标题来吸引读者。

7.用耸人听闻的标题让读者惊恐，进而去阅读内容。

8.披露内部资料。由于人们都有好奇心，想知道别人的秘密，这样的标题会吸引到大批读者。

9.使用主动语态制作标题，吸引读者关注。

不够吸引人的标题，自然吸引不到多少读者。但是，在撰写标题时也不要只做"标题党"。如果标题与内容不相符，挂羊头卖狗肉，肯定也会失去慕名而来的读者。所以，撰写的标题最好能与内容相配套，做到名副其实。

文章撰写完后先不要急于发布，要对文章进行审读，这样能及时发现一些问题和错误，并及时纠正。审读时要注意以下几个方面：

1.文章内容是不是与主题相符，是不是对读者有用？

2.有没有漏掉内容？

3.语句是否有重复？

4.是不是有错别字？

5.语句是否通顺？

6.语法是否有错误？

通过审读就可能发现存在的问题。有句话说得好，"好文章都是改出来的"，优秀的文章都是经过作者反复修改而打磨出来的。特别要注意，文章中千万不要出现错别字，频繁出现错别字会影响读者阅读时的心情，会让读者怀疑你的能力与水平。读者可能会直接关闭文章，不再看你的内容。

撰写优质的、有价值的内容并不是一件容易的事，需要我们内容创作者经过长时间的思考与练习。

有价值内容的创作指导原则

随着自媒体的发展，内容与营销已紧密地联系在一起。善于利用有价值的内容是获得营销成功的一种方法。虽然现在很多人都有内容营销的意识，但仍然缺乏创作有价值内容的指导原则。那么，有价值的内容应遵循哪些原则呢？

1.用户永远是第一位的

人们往往只关心自己的需求和自己需要解决的问题，对于企业的产品和品牌，人们往往不会主动去关注，除非是有这方面的需求。营销人员要把用户放在第一位，主动去关心并满足他们的需求。企业要想多销售产品、扩大品牌的影响力，就要坚持以客户为中心的理念，这样在制作内容的时候就会考虑对用户真正有帮助的内容。把用户放在第一位，把用户的需求放在第一位，才可能成功地进行营销。所以，在制作内容前首先要多了解客户，了解他们的需求。

2.为用户提供帮助，而不是直接销售

有人认为内容营销的目的就是销售，这本身没错，但只对用户提供帮助而不谈营销又让企业难以接受。其实，这都是对内容营销的误解。内容营销是通过润物细无声的方式，使企业的产品或者品牌信息深入用户的内心，还要达到以往要求的广告效果。

内容营销正是通过内容这个媒介与用户建立一种联系，让用户喜欢

你、信任你，当用户有需求的时候，第一个想到的就是你的产品和服务。所以，有价值的内容是与用户建立关系的第一步，它会帮助你赢得销售的机会。内容营销的方式不是把重点放在销售上，而是把重点放在传递有价值的信息上，通过这些信息对用户产生影响。

3.有分享精神

分享就是把自己的知识、经验、技巧免费地传播出去。也许有人会问，这些知识、经验、技巧是自己辛苦得来的，免费传播对自己是不是一种损失？其实，这种担心是大可不必的。这些知识、经验、技巧你自己拥有了，虽然对你是有用的，但是它能发挥出多大的价值呢？如果传播出去，让很多人接受并认可，它就会创造巨大的商业价值。

内容营销就是通过这些有价值的内容与用户建立关系的。如果你提供的这些内容正是用户所需要的，那么用户就会关注你、信任你。你就会在这种有价值内容的分享中无形地实现营销的目的。

4.聚焦客户的需求

在网络营销时代，谁与读者的关联度高，谁就能了解市场、了解自己的产品、了解客户，谁就能赢得营销竞争的成功。所以，要利用有价值的内容获得营销上的成功，就要聚焦客户的需求。要在内容上聚焦客户的需求，就要下功夫去了解市场和客户，然后对营销内容进行定位。

现在的市场越分越细，所以在内容的制作上专业化是必不可少的。越专业的内容越能引起用户的关注与信任；越专业的内容对用户就越有价值，越能解决用户的问题；越有价值的内容越会提高未来营销的成功率。

5.打动人心的好故事

有一句话说得好："优秀的营销内容是有生命的。它是你讲述的故事，是意志和情感的延伸。"优秀的、有价值的营销内容都是讲述了一个能打动人心的故事。在网络时代，只有优秀的故事，才能引发广泛的传播。所以，进行内容创作时，学会讲述动听的故事也是一项重要的能力。

6.内容优秀

要想使创作出来的内容不被人们忽视、使内容具有传播性，那就要使内容具有极高的质量。布莱恩·克拉克说过："内容要足够炫，要集娱乐性、观赏性、趣味性于一身。"《开启变革》一书的作者简·诺斯科特也说："我认为有价值的内容应该：有用途有功能——能为我答疑解惑；既有观赏性又有娱乐性——让我感到愉悦。上面的条件至少要满足一条，如果两条都能做到，那么一定会有人欣赏。"

要想使你创作的内容吸引读者的眼球，就离不开创作者充满激情的写作状态与富于创造力的设计。内容创作者要把为用户创作优质的内容作为自己追求的目标。

7.用心撰写

用心就是关心客户，为他们提供真实可信的信息，这些信息要确实能够对用户有所帮助。用心撰写的内容对用户是有价值的，而虚假的信息对用户毫无价值，用户当然会无视它们的存在。相信用户能通过内容辨别你的真心、真意与真诚，因为优质的内容都是创作者用心撰写出来的，他们的创作目的就是要帮助那些需要帮助的人，那么他们的作品能取得营销上的成功也是理所当然的。

优质的内容是创作者所追求的，但"巧妇难为无米之炊"，创作者如何找到写作的素材呢？准确把握消费者的脉搏，写出他们需求的内容不是一件容易的事。以下几个方面可以帮助你找到与目标客户想法一致的素材。

1.做一个善于聆听的人，随时记下用户的提问，你对他们疑问的回答就可以作为内容创作的素材。

2.找出最吸引你的主题，然后站在用户的角度去思考表现形式。

3.与客户、企业中的专家进行交流，把交流内容撰写成文章。

4.把一些有价值的但因各种原因搁置未用的素材找出来，可能经过加工后就是很好的内容素材。

创作出符合用户需求的内容是不容易的，但是遵循以上的指导原则，搜集到正确的内容素材，再经过自己的用心和努力，相信我们是能够创作出优质内容的。

避免陷入内容营销的误区

内容营销现在很受企业和个人青睐，凡是内容营销做得好的企业和个人都获得了丰厚的利润。但想做好内容营销也不是那么容易的，必须找到与内容最适合的营销策略。在内容营销的选择上，营销人员常常会遇到以下几个误区：

1.没有将营销策略资料化

在做内容营销时，很少有人将内容营销的策略资料化，也就是没有把内容营销的目标、策略流程等细节记录下来。有人可能认为这并不重要，只要有优质的内容就可以了。但这些资料的存在会对营销目标进行具体的分解和引导，对内容营销目标的达成有促进作用。

所以，企业应该制定内容营销的总目标，将总目标逐层分解到各个部门，并将其记录下来整理成资料。然后对制作出的内容进行分析和跟踪，共同推动营销目标的开展。

2.目的性太强

内容营销是以营销为最终目标的，但是这种营销方式不是生硬的广告推广，而是通过有价值的内容引导用户，提升用户对品牌的认知度。因此要想达到内容营销的目的，必须制定非常准确的、服务于自身品牌的策略，通过步步引导、层层深入，对用户产生潜移默化的影响。如果内容营销的目的性太强，急于向用户推荐产品或品牌，反而会使用户流失。

3.没有将主要精力用在内容创作上

有的营销人员急于追求营销的效果，把太多的时间和精力用在了优化内容营销的效果等方面。这种做法是本末倒置、避重就轻的，因为内容营销的重点在于内容，如果内容不被用户接受，其他的努力都是空中楼阁。

在内容营销中，内容的质量永远是第一位的，只有花时间与精力创作出优质的内容，才能保持内容对用户的吸引力，其他方面都是在保证内容质量的前提下开展的。

4.不重视搜索引擎的优化

有的营销人员不重视搜索引擎的优化，认为只要有高质量的内容就行了，"酒香不怕巷子深"。然而，在如今信息泛滥的时代，再优质的内容如果用户看不到，也是白费。搜索引擎优化的目的就是为了在用户搜索与你相关的内容时能轻松找到你创作的内容。

如果你创作的内容在搜索引擎中的排名靠前，用户选择点击的可能性就大大增加，这就能给你带来更多的流量并提高转化率。所以，营销人员掌握一些搜索引擎优化的相关知识是十分必要的，这样在创作时就会有意地对关键词进行优化，能让你创作出来的内容便于搜索引擎的抓取、被潜在用户看到。

5.不关注读者

网络时代的内容信息泛滥如汪洋，在内容的海洋里，读者是自由的，关注什么样的内容是读者根据自己的需求进行的选择。如果你的内容想引起读者的关注，首先你应该关注读者的需求。只有你的内容能满足读者的需求，读者才会关注你的内容。

所以，在创作内容之前，对读者进行了解、定位你的精准读者群是必不可少的。如果不做调查，只凭着自己的主观想象来制作内容，不仅浪费时间和精力，读者也肯定不会埋单。关注读者、根据读者的喜好来创作内容，是达到内容营销目标的重中之重。

6.因循守旧，不敢创新

内容营销本来就是随着网络和新媒体的兴起而出现的，关于如何做好内容营销目前并没有一定的成规，这种新的营销方式还在不断地摸索和创新之中。对营销人员来说，除了总结内容营销的策划流程、内容形式外，还要敢于创新。懒于思考、一味模仿创作出的内容往往很难取得成效。

7.对量化的内容营销效果不重视

内容营销有没有效果？效果怎么样？这些情况是营销人员必须要掌握的。要掌握这些情况，就必须对内容营销的效果和指标进行跟踪和衡量，也就是说要对营销效果进行量化。如果不这么做，内容营销也就失去意义了。

经过内容营销的量化，可以更精准地了解用户，可以知道哪些内容对用户更有价值，以后就可以集中精力投放这一类文章来吸引用户，提高用户的黏性。

8.不重视可视化内容

在创作内容时，如果在内容中放入一张图片，效果是不是会更好呢？这显然是肯定的，好的图片再加上好的文字，一定会更吸引人。所以，在内容营销中，无论呈现形式是文字内容还是视频，可视化已经成为内容营销的重要部分。运用好可视化内容，对内容营销的效果大有帮助。因为，可视化内容不仅是对内容营销中文字内容的补充，还是从感情上引导用户进行参与的一种方式。

对于文字内容，可视化可以对内容效果起到锦上添花的作用，优秀的可视化效果对提升内容的转化率有非常大的帮助。在文字中放入图片看似只是一个创作小技巧，却有大效果。要注意的是，放入内容中的图片一定要合适。

9.不在乎发布渠道

内容营销的发布渠道很重要，只有通过合适的渠道进行传播，你创作的内容才能被用户收到。如果你不在乎发布渠道，可能你创作的内容传播范围有限，甚至可能会石沉大海。只有将内容与渠道结合起来，内容营销才能创造更大的价值。

在移动互联网时代，无论是主流媒体还是自媒体，各种媒介渠道对内容的要求都非常高。所以，选择多元渠道进行发布会带来非常显著的传播效果。

以上九个方面是在做内容营销时存在的一些误区，可以作为内容营销人员的参考。内容营销这一新兴的营销模式仍在不断发展中，对于如何做好内容营销，仍需要内容营销人员进行不断的探索。

全网营销之事件营销——

用事件引爆用户的好奇心

事件营销来源于新闻营销，就是通过事件引爆人们的好奇心，引起大量的传播和关注，进而达到营销目的。因为人们都喜欢追逐喜闻乐见的事件，所以事件营销是一种行之有效的营销方式，如果对事件运用得当，事件营销能用更少的时间和成本取得更好的宣传效果。

什么是事件营销

　　事件营销是企业通过策划一些有影响力的事件，来引发社会或消费者的兴趣与关注，从而提高企业产品或品牌的知名度，进而达到销售产品或服务的目的。由于事件营销具有突发性和接受面广的特点，能在短时间内引起轰动效应，故而能以较少的成本达到最大的宣传效果。这种营销方式已经成为近年来比较流行的一种营销推广方式。

　　简单来说，事件营销就是通过策划有价值的新闻事件，让事件以新闻的形式进行传播，从而达到广告宣传的效果。特别是当前互联网的发展给事件营销带来了新的契机，让事件能以更快、更广泛的方式进行传播。让我们通过下面这个案例，具体看一下事件营销的做法和效果。

　　巴西有一个有名的富豪叫Chiquinho Scarpa。有一天，Chiquinho Scarpa突然宣布他要仿效埃及法老埋葬殡葬品的习俗，把自己价值150万雷亚尔（巴西于1993年发行的新货币单位）的宾利埋在自家的后院。

　　消息宣布之后，Chiquinho Scarpa就开始了行动，为了证明自己所言非虚，他在社交网站Facebook上直播了自己在圣保罗的豪宅后院为爱车挖"墓穴"的过程，有图有真相。消息一出，巴西举国上下一片哗然，媒体争相报道，全巴西人都在等着看Chiquinho Scarpa的笑话。

在Chiquinho Scarpa "埋葬" 爱车这一天，很多媒体来到现场进行直播，巴西全国都在关注着这次 "车葬" 仪式。然而，就在车子开下墓穴的时候，Chiquinho Scarpa突然叫停了仪式，表示自己 "有事宣布"。这时所有媒体都对准了Chiquinho Scarpa，他对着话筒说，他欺骗了大家，他想用葬车的方式引起大家的注意，因为他有一件比这更重要的事情要告诉大家。

他所说的这件重要的事情，就是自从他宣布葬车后许多人都指责他把一辆好车白白埋掉，如果用不着可以捐出去。而很多人却埋葬了比车更宝贵的东西，那就是心、肺等各种健全的器官。他又说，他上演的这一出 "葬车" 闹剧只是想吸引大家注意，并告诉所有人，有很多人因器官不足而死去，但是又有很多人带着健全的器官死去。

最后，他呼吁人们成为器官捐献者，他说自己就是一名器官捐献者，然后他举起了写着 "我是一名器官捐献者，你呢？" 的牌子，表示自己已经率先做出了这一决定。受他的影响，在场的几位明星和艺人也加入了器官捐献者的行列。

Chiquinho Scarpa可谓是事件营销的高手，他通过策划 "埋葬" 自己爱车的事件引起全国的关注，然后呼吁人们捐献比车还要宝贵的人体器官，不要让健康的人体器官随着人的死亡而埋掉。Chiquinho Scarpa通过这个事件，进行了一次成功的公益宣传。

那么，事件营销的作用是什么呢？事件营销的作用比较多，这里主要介绍四个方面的作用：

事件营销的主要作用

新闻效应

广告效应

改善公共关系和客户关系

传播企业的产品和形象

1.新闻效应

新闻媒体是最好的传播工具和平台，新闻的传播往往会引发新闻效应。事件营销来源于新闻营销，事件一旦成为热点，通过新闻媒体的传播就会引起轰动效应。对策划事件的企业来说，虽然新闻媒体进行的是免费的传播，但是传播的效果和回报都是巨大的。

2.广告效应

所有的营销手段都是奔着一个目的去的，就是要产生广告效应。而事件营销的广告效应与其他营销手段相比，要更好。因为，事件成为社会热点后就会成为社会话题，人们会参与其中，对其进行讨论并发表看法。那么，对与话题相关的企业产品和品牌来说，人们自然会在传播与评论过程中记住它们。事件营销产生的广告效应是不可估量的。

3.改善公共关系和客户关系

通过一个有影响力的事件可以改善企业的公共关系和客户关系。例如2016年百事可乐邀请六小龄童演出了充满情怀的微电影《把乐带回家之猴王世家》，熟悉的旋律勾起了很多人的儿时记忆，其中的台词"苦练七十二变，方能笑对八十一难"更是让人感慨良深。此后的"六小龄童节目被毙"又引发了人们新一轮的讨论，将事件营销效果推向了新的高潮。

4.传播企业的产品和形象

一些新创立的企业和品牌想要快速建立知名度、迅速传播企业的形象，一般来说是很难的，有时候花费大量的金钱也不一定能打造出一个知名品牌，而通过事件营销就可能使品牌在一夜之间被众人所知。

在事件营销中，事件的新闻价值越大，引起新闻效应的可能性就越大。特别是随着互联网的发展，博客、微博、公众号等新兴媒体对事件营销起到了很大的推动作用，因此事件营销成了现代企业喜爱运用的营销工具之一。

如何策划事件营销

随着网络的发展和普及，事件营销已经成为一种比较流行的公关传播和市场推广手段。越来越多的企业和商家希望策划出一场成功的事件营销，以扩大企业品牌或者店铺的影响力，实现自我营销，进而带来可观的经济效益。一些企业也是想尽办法策划一些事件，以期吸引大众的注意，但是这些信息常常被网民忽视。如何策划一场成功的事件营销，是很多企业和商家面临的难题。要做好事件营销，我们先要了解一下事件营销的特性。

1.针对性

针对性强可以说是事件营销最主要的特性，就是在网络上比较活跃的事件中寻求商机，利用现有事件，引申出相关性强的事件。

2.主动性

策划事件的营销者掌握着事件营销的主动权，所以营销者要充分利用这种主动权。

3.保密性

俗话说"事成于密，败于泄"，营销者要利用好自己手中的主动权，在营销开始之前做好所有数据的保密工作，这样才能勾起各大搜索引擎对此次事件营销的兴趣。

4.风险性

事件营销也存在不可预测的牵涉性风险，所以在开展事件营销之前要考虑周全，对可能发生的情况做好应对措施。

5.争议性

事情充满争议，才能引发网民的讨论，事件才能火起来。

以上五个方面是事件营销的特点，也是做好事件营销的前提。下面介绍一下做好事件营销的具体操作要点。

1.不能盲目跟风

事件营销并不是盲目跟风就能做好的，成功的事件营销背后都蕴含有深厚的企业文化底蕴。做事件营销不能看别人用某个方法火了就盲目地去学，去生搬硬套。这些成功的策划方案是别人根据自己的实际情况、在特定的场景下做出来的，并不一定也适合你的情况。所以，做事件营销应尽可能地根据自己的情况去策划，否则会适得其反。

网络上曾出现过这样一个帖子《7天7夜不吃不喝　网络追踪"红本女"事件》。讲的是一个男子连续七天时间跟踪一个漂亮女生，而这个漂亮女生无论走到哪里，都会带着一台红色的联想笔记本电脑。这个女生被网友称为"红本女"。

但是，很快就有网友看出了问题，发在网络上的一些照片都是专业拍摄出来的，而这个女生的动作、神态也是摆拍的。网友以此断定这是在炒作。网友的判断没错，这就是联想公司策划的一次事件营销。虽然这次事件营销的创意不错，想借"红本女"营销笔记本电脑，但由于炒作痕迹太明显，还是露出了原形。

联想的这次事件营销就不能说是一次成功的营销，创意虽好，但是由于炒作的痕迹太重而被网友看透。那几年网络红人很受欢迎，联想本想借着炒作网络红人来达到营销的目的，由于没有掌握到事件营销的精髓，而使这次事件营销功亏一篑。

2.符合新闻法律法规

策划事件营销时要符合相关的新闻法律法规，不能出现违法违规情况。有一个公司曾策划过这样一场事件营销：其先在城市的广场中放置大量的公益雨伞，然后再安排人扎堆哄抢雨伞，再以新闻的形式报道该市市民的整体素质不高。这篇新闻在发稿时被毙了，报社领导认为这个事件反映的是本地民风落后，甚至还存在治安隐患，不适合发表。这个公司策划的事件营销最终失败。

3.事件与品牌关联

策划事件营销的目的是为了扩大品牌的知名度，是为营销做准备的。所以，策划的事件一定要与企业的品牌相关联，像富亚涂料的老板亲自喝漆料、张瑞敏砸海尔冰箱等这些事件都与企业的产品紧密相关，能突出企业重视环保和产品的质量。人们看到这样的事件不仅记住了这次事件，而且记住了企业的产品。

4.控制好风险

事件营销是一把"双刃剑"，做得好能给企业带来巨大的营销效果，做得不好则会给企业带来公关危机。这是因为，事件营销存在风险性，在策划事件营销时一定要对存在的风险因素考虑周全，风险因素的存在极有可能给企业带来负面影响。所以要对可能存在的风险因素做好预防措施，控制好风险。KFC秒杀全家桶优惠券事件营销就是一次没有控制好风险的失败的营销案例。

中国肯德基曾在淘宝网举办过"超值星期二"三秒秒杀的活动，发行了100张折扣券，每张折扣券上的优惠产品是64元全家桶，打对折为32元的大优惠。但是当消费者拿着从网上秒杀回来的优惠券消费时却被肯德基单方面宣布无效。中国肯德基发布声明称由于部分优惠券是假的，所以取消优惠兑现。消费者对中国肯德基的说法并不买账。中国肯德基的这次事件被称为"KFC秒杀门"事件。

5.有吸引人的故事情节

好的事件营销应该像故事一样吸引人，故事情节应该是一波未平一波又起，能让人们一直关注事件的进展，这样产生的新闻效应才能持久。

6.吸引媒体关注

事件营销和媒体是分不开的，凡是成功的事件营销都有媒体的参与。所以，在策划事件营销时一定要吸引媒体的关注，引入媒体的力量，才能对事件起到推波助澜的作用。

7.注重事件营销的长效性

不要把事件营销当作一时的权宜之计，要把它当成一个长期的项目来做。要想使企业的品牌一直受到人们的关注、长盛不衰，还要经常制造一些新的事件或话题，保持曝光率和媒体关注度。

8.不断探索

对事件的策划有时候不一定能一炮打响，一开始大众对事件的关注程度可能不如预期的高。这时候也不能气馁，要通过不断尝试、探索，寻找成功的路径。

事件营销成败的关键在于前期的策划，无论是自己的创意还是借助其他事件，只有根据事件营销的特点进行周密策划，才有可能取得事件营销的成功。

事件营销的内容策略

成功的事件营销离不开好的事件内容，有创意的事件内容是策划事件营销的关键。那么，什么样的内容适合策划事件营销呢？下面介绍一下事件营销的内容策划。

1.美女效应

美女一直是常说常新的话题，也是经常被用到的营销元素。所以，在策划事件营销时，利用美女进行营销策划往往能收到预想中的效果。这方面的成功案例有很多，例如淘宝第一美女"水煮鱼皇后"、iPhone girl等等。2016年4月1日，长沙果十文化传播有限公司就利用美女效应进行了一次大胆的事件营销。

长沙果十文化传播有限公司为公寓项目拿铁空间策划了一次事件营销。2016年4月1日那天，长沙街头LED大屏出现"52元一晚，今夜不回家"的字样，无厘头的电子屏画面很是夺人眼球。同时，几个公交站牌也换成了和LED大屏一致的画面。路人纷纷驻足围观，更令人惊叹的是，街上还出现真人美女举牌，火爆的内容吸引路人纷纷拍照讨论。

这次事件营销成功为拿铁空间进行了营销。拿铁空间是由湖南共源置业有限公司开发的公寓项目。经过这次营销，当天就有数百人致电咨询楼盘，让楼盘的知名度得到提升，为后来的开盘销售奠定了基础。

长沙果十文化传播有限公司策划的这次的街头活动，形式新颖、大胆，经过媒体炒作，成功地将市场的注意力由活动引向了对拿铁空间项目的关注。

2.情感效应

人都是有感情的，只要我们关心消费者，为消费者做一些实事，消费者会记住我们的。只要我们能从情感上感动消费者，消费者就不会无动于衷，他们会记住我们的产品和品牌，更可能成为潜在的消费者。

大众汽车曾做过一次引起人们共鸣的事件营销。为了宣传"开车别看手机"这一公益主题，大众汽车包下了电影院影片开播前的广告位，播放了一段第一视觉的汽车前进画面，再用 LBS 技术推送短信给现场观众。

这时，现场的观众听到短信的提示音后都纷纷拿出自己的手机查看，正在这时电影屏幕中的汽车也发生了事故。画面的最后打出这样的提示："玩手机是当前交通事故的主要发生原因，珍惜生命，勿玩手机。"

大众汽车策划的这次事件营销取得了很大的成功，不但让观众有了参与感，而且深深打动了观众。因为这件事与观众的生活息息相关，所以能吸引用户的注意力，赢得用户的心，产生了很好的品牌影响力。

3.热点效应

热点不但是媒体关注的焦点，而且是老百姓关注的焦点，一旦社会上出现热点，媒体就会想办法搜集相关新闻素材，老百姓也会在茶余饭后进行讨论。如果能巧妙地运用热点事件策划营销事件，定会起到事半功倍的效果。

现在智能手机的使用已经很普及，但是手机的安全一直是用户最关心的问题，病毒的肆虐让手机用户变得如履薄冰。2016年，酷派手机借势电影《我的特工爷爷》的热映，联合半个萝卜数字营销公司推出了《这是一个被国安局封杀的H5》。其利用特工奶奶与热映电影的关联性，将酷派手机的双系统安全特性巧妙植入，直击用户对手机使用安全的顾虑。

酷派利用酷炫精致的画面、曲折悬疑的剧情和丰富有趣的互动让H5这款产品的宣传片在短时间内得到了大量的传播和转发。仅上线几天时间，浏览量就达到32万人次，分享近3万次，在业界形成了较大的影响力。

酷派策划的这次事件营销就是成功借助了《我的特工爷爷》这部电影的热映，在内容中融入了自己品牌的特点和文化，让消费者由被动接受变成主动参与，并在互动过程中领略品牌的魅力。

4.争议效应

前面已经提过，争议是策划事件营销的一个重要特点。制造争议是最容易引发大众关注和传播的手段，所以，策划出有争议的内容，事件营销才可能成功。争议越大，事件就可能越成功。

"丢书大作战"的事件营销源自英国演员Emma（电影《哈利·波特》中赫敏的扮演者），她首先在伦敦地铁发起藏书活动，这一公益活动经国内外媒体报道后，在社交网络上广泛传播，受到了大众的关注。曾策划过"逃离北上广"活动的新世相创始人张伟抓住了这次机会，在与Emma参与的伦敦地铁读书行动的负责人联系后并得到对方同意后，他就在北上广的地铁、航班、顺风车里丢了1000本书。

这次活动还邀请了明星参与，例如黄晓明、徐静蕾、张静初等。"丢书大作战"当天，新世相的公众号推文就在朋友圈里刷屏了，且势头凶猛。然而，新世相举办的这次丢书活动却引起了网友的争论，有好评也有差评。好评者认为丢书活动形式新颖温暖，差评者认为形式大于内容，没有达到提倡阅读的目的，也没有考虑到国情和地铁情况。但是，不管好评还是差评，都使更多的人记住了新世相这个名字。

在营销人中流行一句话："无冲突不营销"。冲突就是对营销所引发的不同看法和争议，争议的背后是关注与话题。对于事件营销来说，一个有争议的事件更能引发大众的参与，这正是事件营销所要达到的目的。

5.公益效应

有良知的企业都会有社会责任感，这些企业会做出一些行动来回报社会，他们回报社会的方式就是做公益活动。企业在做公益活动的时候，顺便宣传一下自己也是无可厚非的事情。正如英特尔全球副总裁睿杰所说："企业开展的公益活动与促销活动一般都会给社会带来利益。企业将自己的一部分利益回馈社会开展各种公益活动，不仅满足了社会公益活动中对资金的需求，同时企业又将良好的企业道德、伦理思想与观念带给社会，提高了社会的道德水准。"

如果你用一瓶矿泉水的价格只买到半瓶矿泉水，你还会买吗？可能你会说不会，但如果看了下面这个故事你可能就会购买了。这家公司只销售半瓶水，销售额却提高了652%，它是怎么做到呢？

Life Water（耐沃特）公司发现，人们在日常会议、聚会、闲聊等活动后，经常有人将喝了不到一半的矿泉水不经意地浪费掉了。这在水资源丰富的地方也许不是什么大不了的事，毕竟一瓶矿泉水也值不了几个钱。然而，在一个城市里，人们每天扔掉的矿泉水加起来相当于缺水地区80万儿童的饮用水。Life Water公司发现这种情况后，决定要做点什么。

Life Water公司决定将一瓶矿泉水一分为二，一半留给消费者，一半由消费者赠予缺水地区。以同样的价格却只卖一半的水，这个想法虽然好，但是消费者愿意购买吗？其实，Life Water公司已经做过调查，一般情况下只需要半瓶水就能解决人们的用水需求，而剩下的半瓶水可能被消费者扔掉。所以，Life Water公司决定每个矿泉水瓶只装半瓶水，余下的那半瓶则由Life Water公司直接替消费者输送到缺水地区捐赠给当地的孩子们。

为了让消费者接受这个活动，Life Water特别设计了七款印有缺水地区孩子的包装，特别吸引眼球。瓶身还印有缺水地区儿童的相片和二维码，让人们能了解到缺水地区孩子的情况。

为此，Life Water公司改造了生产线，只生产装有半瓶水的矿泉水，价格也不贵，每瓶只需要2元人民币。消费者在购买矿泉水的同时，也直接完成了捐助。在这次活动期间，共有53万儿童得到了捐助，并且消费者都是发自内心地支持这次活动。

Life Water公司举行的这次活动，吸引了世界各地300多家媒体的关注和报道，也吸引了超过30万人关注，让Life Water的知名度大大提升，也使Life Water公司的矿泉水销量得到了极大增长。

Life Water公司的这次公益事件营销做得相当成功，不仅赢得了消费者的赞美和好感，而且获得了实实在在的效益。所以，公益有时候是和商业联系在一起的，既做了公益帮助了别人，又使自己得到了好处，这是一举两得的事情。Life Water公司举办的公益活动不仅节约了水资源，而且帮助了缺水地区的孩子，同时也让有爱心之人的善举得到了回报，是一举三得的好事。

6.名人效应

名人效应就是利用发生在名人身上的事件做营销的内容。名人效应不可小视，名人的一举一动都会受到粉丝的关注，借助名人效应可以达到意想不到的营销效果。例如，2013年成都环球汇的奠基仪式免费请来了地产项目事件营销史上最大牌的人——英国现任首相卡梅伦。相对于环球汇的名人营销事件，其他任何一个地产项目的营销活动都是不能相比的。通过卡梅伦的名人效应，环球汇开发商大大提升了自己的品牌影响力。

7.新奇效应

人们普遍具有好奇心，对新奇的事物总是保持高度的关注。所以在策划事件营销时应设法用新奇的事物来调动大众的好奇心，自然会成为大众关注的焦点。

2015年5月29日到31日，张向东接连发布4张"盲"字成语新解海报，吸引了大批用户关注讨论。6月1日，他又在微博和朋友圈里发起"盲订"小游戏。他写道："最重要的东西，眼睛看不见。——自行车也一样。约你做件孩子气的事。"即让用户在不公布价格、具体样子及正式发布时间的前提下，订购700Bike的新一代城市自行车。盲订活动同时在700Bike官网及淘宝众筹同步上线。

他的这条微博发出几个小时后转发量就超过一万。盲订开始后，由于盲订在线人数过多出现过几次服务器宕机。在最初的10天内，700Bike更连续追加3次盲订限额，最后不得不宣布提前20天截止200元优先档的预订，其效果和影响远超团队内部的预期。

随后，不断有各领域的名人给张向东送来祝福和支持，700Bike又将陆续收到的名人自拍祝福视频分享给网友，再一次推动了整个活动的高潮。张向东借着人们对盲订的好奇，成功完成了这次事件营销。

8.反常效应

人们对于一些正常的现象可能会视而不见，而对一些反常的现象却很关注。现在网红盛行，一些网络红人就是通过一些反常的举动来吸引网民的眼球的。所以，在策划事件营销时，恰当运用反常的事件也是吸引人们关注的一个方法。

以上是几种事件营销内容策划的方法，要做好事件营销，就要根据自己的实际情况及当时的情境，选择合适的内容策划方法。

如何做好事件营销

事件营销是近几年颇受商家欢迎的一种营销方式，不仅成本低廉，而且影响范围很广，有时甚至比投入巨资做广告的效果还要好。

意大利有个莱尔市场，这个市场只售卖最新的产品。一些新产品很畅销，很多人抢着购买，一些抢不到的人就要求市场再次进货。但是，即使再畅销的产品这个市场也是卖完即止，绝不第二次进货。

这样的事情出现之后，人们再购买时，只要看中了就会立即购买，毫不犹疑。同时，由于这个市场只出售新产品，所以想购买新产品的人们都会首选这个市场。

莱尔市场利用出售最新产品、售完为止的事件，营造出了相当好的营销效果。那么，如何做好事件营销呢？除了有好的策划和内容，还要做好以下几个方面：

1.申请账号

事件营销不是一个独立的存在，它的施行需要一些平台进行辅助，一般最常用的辅助平台是论坛，不过现在微信也是一个非常适合的平台。实施事件营销之前，要先准备大量的论坛账号。注册账号要找影响力比较大的论坛，例如天涯论坛。在一个论坛上不可能一次注册大量的账号，可以用分时间注册的方法来规避这个问题。

2.把内容用图文的形式发到论坛

有了好的内容和策划方案，在把内容发到论坛上的时候，最好做到图文并茂和富有争议。图文并茂说明有图有真相，富有争议能引起网友的讨论，容易形成话题，事件一旦形成话题就比较容易传播。如果内容是通过自己的公众号发在微信上，前提是你的微信公众平台要有大量的粉丝，否则不会有效果。

3.传播事件

事前注册的大量账号就是做马甲用的。内容发布后，要用事先准备好的账号把发布的帖子进行广泛传播。这些账号在论坛上能起到引导作用，引导网民参与到这件事情中来，扩大事件的影响力。

4.转载分享

转载分享就是把发布的事件内容在社交媒体上进行转载，例如除发布平台以外的其他论坛、微博、微信等，让更多的人参与传播，最终形成病毒营销。

5.引入媒体

事件营销离不开媒体的参与，事件经过前期的炒作，一旦形成热点，自然就会引起媒体的关注。这时候要不失时机地引入媒体，媒体的参与会把事件营销推向一个高潮。

以上五项内容是做好事件营销的方法，但是要做好事件营销，还要具备一些基本技巧。这些技巧的积累有助于你发现好的内容和对营销事件进行策划。

1.丰富的知识积累

营销人员需要在经济、人文、历史、法律等方面都有所涉猎，这样在策划事件营销时就会具备新闻记者一样的判断力，并且能够保持政治敏感性，不至于触犯法律。拥有了丰富的知识积累，才能够把握全局，从各种途径找到事件营销的灵感和思路。

2.能够对网民的心态进行分析

网民数量庞大，成分复杂，利益追求趋于多元化。要策划一个有效的事件的营销，就要对网民的心态进行分析，掌握网民的需求。掌握了网民的心态，一个不起眼的小帖子也能引起轩然大波。

3.需要策划人员具备专业的新闻素养

新闻是"易碎品"，是容易消失的事物，不能长久。特别是网络新闻，每天传播在网络上的新闻千千万万，如何才能抓住热点新闻促成事件营销呢？这就需要策划人员具备新闻素养，要善于抢时间、抓内容品质。要在最早最短的时间内发现新闻，寻找能引起话题的新闻事件，并迅速植入产品和品牌信息。信息化时代唯快不破，只有抢先抓到机会，才可能策划出一场有效的事件营销。

4.注重培养网络感觉

策划事件营销不能闭门造车，不能凭主观想象撰写策划方案。要经常泡泡论坛、写写博客，这有利于网络感觉的培养。事件营销的策划者要学会从新闻中发现话题，并且能把话题进行延续报道或深度报道。如果没有良好的网络感觉，是不可能做到这一点的，更不要说把话题与品牌信息衔接上了。很多撰写得很漂亮的策划方案之所以没有效果，就是因为策划者缺乏网感这一素质。

5.要钻研有名的网站

对那些有名的网站，不仅要看，而且要参与，像天涯和猫扑，要经常去灌灌水并发表一下自己的看法。还要经常看一些名人博客，看看别人都在写些什么，自己也要学着写一写。对于新锐媒体上的专业文章，要研究别人是怎么写出来的。对于热点事件，不但要关注，而且要研究事情的来龙去脉。对策划人员来说，学习非常重要，要培养自己"外行看热闹，内行看门道"的能力。

此外，进行事件营销还要注意避免陷入以下误区：

1.过度的情色营销

一些企业为了扩大事件的影响力，利用人们的好奇心，过度的情色营销或打情色擦边球，这些做法可能违法。

2.只追逐热点营销

追逐热点进行事件营销是营销人员的普遍做法，但只会追逐热点就是偷懒的行为。追逐热点只能跟在别人后面跑，永远不能领跑。事件营销并不反对追热点，但是要把热点与自己的产品和品牌结合起来，胡乱地抓热点是起不到营销效果的。

3.侮辱对手式营销

侮辱对手进而与对手互掐，确实能吸引人们的眼球，但是也会引起人们的反感。所以，侮辱对手式的营销可能会搬起石头砸自己的脚。

突发的事件最能吸引人们的关注，因此，做好事件营销的关键是使事件具有突发性，在策划事件营销的时候，要注意凭借突发事件抓住人们的眼球。在人们关注事件之后，要吸引他们参与进来，如果人们不参与进来，营销活动不会有效果。

第十三章　全网营销之关系营销——
实现与用户深度接触的新玩法

关系营销不仅是指企业与消费者要建立良好关系，而且强调与上下游企业建立良好关系，甚至与竞争对手、政府机构都要建立良好关系。关系营销是保证企业在赢利的基础上，形成一种兼顾各方利益的长期关系。正确处理企业与消费者、各种组织的关系是企业营销的核心内容，关系到企业经营的成败。

什么是关系营销

　　关系营销，简单地说就是企业要与客户、合作企业、竞争对手等建立和维持一种良好的关系。企业与客户形成良好的关系，就能形成稳定的、忠诚的客户群体。随着市场竞争日益激烈，开发客户的成本越来越高，而维护老客户比开发新客户的收益要高。与合作企业形成良好的关系有利于企业生态圈的建立，形成优势互补、合作共赢的关系，与竞争对手形成良好的关系能够避免同行之间的恶性竞争。企业关系营销的核心就是要正确处理企业与组织以及个人的关系，这也是企业经营成败的关键。

　　马狮集团是英国最大且盈利能力最高的跨国零售集团，在世界各地有2000多家连锁店，其"圣米高"品牌的货品在30多个国家出售，它每年赚取的利润比世界上任何零售商赚的都多。《今日管理》的总编罗伯特·海勒曾评论说："从没有企业能像马狮百货那样，令顾客、供应商及竞争对手都心悦诚服。在英国和美国都难找到一种商品牌子像'圣米高'般如此家喻户晓，备受推崇。"马狮集团的成功与它的关系营销策略密不可分。

　　马狮集团的宗旨是"为目标客户提供他们有能力购买的高品质商品"。为了给客户提供质优价廉的商品，马狮集团建立了自己的设计队伍，与供应商一起合作，为客户设计需求的产品。为了保证产品的质量，马狮集团制定了严格的采购措施，就是先把要采购产品的标准详细定下来，然后让制造商按要求生产。客户会因购买到品质高且价格不贵的商品，而感到满意。

为客户提供质优价廉的商品必定会增加企业的成本，降低企业的利润。而马狮集团为保证企业的利润，它不做广告宣传，而是把资金投入到产品的设计和研发中，通过规模经济来降低生产成本，同时通过不断地行政改革，提高行政效率来降低企业的经营成本。马狮集团还规定，对于客户不满意的商品，不管什么理由都可以退换或退款。这不仅提高了客户的购物体验，而且增强了客户对马狮集团的依赖感。

在与供应商的关系上，如果马狮集团从某个供应商那里采购的商品比批发商处还便宜，马狮集团将这些节约的资金返还给供应商，作为改善产品品质的投入。由于产品的质量高，增加了对客户的吸引力，销量必然上升，马狮集团与供应商从中共同获得了收益，这也加深了它和供应商的关系。

在与员工的关系上，马狮集团把员工作为最重要的资产。除了为员工提供平等优厚的福利待遇，还真心关怀每一位员工。马狮集团的一位负责人曾说："我们关心我们的员工，不只是提供福利而已。"说明除了福利待遇，马狮集团还通过一些其他的方法与员工建立良好的人际关系。由于与员工形成了良好的关系，激发了员工的工作热情，提高了员工对客户的服务质量，这就为马狮集团与客户建立长期稳定的关系奠定了基础。

马狮集团与客户、供应商、员工形成的这种良好关系，使供应商与马狮集团能保证良好的长期合作关系，并持续提供优质的产品。其质优价廉的产品和热情的服务增加了对客户的吸引力，增强了对客户的黏性；企业对员工的关心也增强了员工对企业的信任和忠诚。马狮集团在经营上的成功是关系营销的典范。

在关系营销上，最重要的是与客户建立良好的关系，完成企业的销售，其他关系都是为这个目的服务的。关系营销与传统交易营销在对待客户的关系上是不同的，其不同点在于以下几个方面：

（1）传统的交易营销不注重与客户建立长期的关系，满足于完成一次性交易；而关系营销注重与客户建立长久的合作关系，注重维护老客户。

（2）传统的交易营销不注重客户的购物体验和对客户的服务，而关系营销以培养忠诚客户为目的，注重对客户的服务、提高客户的满意度。

（3）传统的交易营销对客户的购物体验关注较少，而关系营销注重客户的购物体验，对客户有承诺、有兑现。

（4）对产品的质量问题，传统的交易营销认为产品质量是生产部门的事，而关系营销认为产品营销是所有部门都要关心的问题。

（5）传统的交易营销不重视与客户建立长期关系，而关系营销把与客户建立长期关系作为核心，为了维护与客户的长期关系，企业会与其他所有利益相关方建立关系。

在互联网时代，传统的交易营销已经不适应现代营销的发展。由于网络的发展、物流业的发达，人们对商品的选择大大增加。在网上相同或相似的产品有很多，怎么才能让客户选择你的产品呢？最好的办法就是与客户形成良好的关系，只有客户对你信任的时候才会选择你的产品，并最终可能成为你的老客户。俗话说"得人心者得天下"，营销就是要得客户的心，而关系营销所做的就是为了赢得客户的心。企业只有与各种利益关系的组织和个人建立起关系，形成有效的沟通，才能实现企业利益、价值的最大化。那么，关系营销的本质特征是什么呢？

关系营销的本质特征

01	双向沟通
02	合作协同
03	利益双赢
04	亲密伙伴
05	有效控制

1.双向沟通

良好的关系是建立在有效的双向沟通基础上的，沟通就是进行信息的交流和共享。只有平等的沟通才能赢得各利益相关方的信任、支持和合作，片面和单向的沟通是建立良好关系的障碍。

2.合作协同

建立良好关系的目的是为了合作和协同，这也是保证各方共同获得利益的基础。

3.利益双赢

关系营销是利益相关方通过合作而实现双赢，而不是通过损害一方的利益使另一方获益。如果一个企业为了吸引客户而损害供应商的利益，那么这个企业与供应商的合作关系肯定长久不了。

4.亲密伙伴

关系营销不仅是实现利益的互惠，还有感情层面的内容。要使利益相关方形成亲密伙伴一样的关系，感情因素起着至关重要的作用。凭借单纯的利益是无法长久维系双方的关系的，感情因素是形成双方亲密关系的重要因素。

5.有效控制

要想维持利益相关方长久的关系，就要了解他们的态度和动态变化，对于双方合作中出现的一些不稳定的因素要及时进行消除。同时，要通过有效的沟通，及时改进产品和服务，满足各方的需求。

关系营销是一个系统工程，需要企业与利益相关方都建立长期稳固的关系，其中企业与客户的关系是关系营销的核心，其他关系的建立都是围绕这一关系的建立来开展的。

关系营销的具体策略

一般来说，关系营销是建立在客户、上下游企业、政府及公众等三个层面上的，企业在施行关系营销时要处理的就是与这三者之间的关系。那么，如何正确处理与这三者之间的关系呢？

1.建立同客户的良好关系

企业的生存和发展离不开客户，可以说客户是企业的衣食父母。市场竞争再激烈，归根结底是在争夺客户。那么，企业如何与客户建立良好关系并培养出忠诚的客户呢？

（1）树立以客户为中心的观念，为客户提供所需求的产品，并提高他们的满意度。

（2）提高客户的消费体验，切实关心客户的利益。

（3）加强与客户的交流沟通，重视客户的情感因素。

2.与上下游企业合作，实现双赢

企业经营的成功不在于竞争，而在于合作，竞争的结果只会使双方两败俱伤，而合作则会使双方共同获益。关系营销注重的是相关企业之间的合作，通过企业之间的合作来实现企业的经营目标。在关系营销中，企业合作的优势有以下几点？

（1）由于市场越来越细分，企业之间的合作能发挥各自的优势，形成优势互补，共同巩固市场地位，并增加企业对市场变化的适应能力。

（2）有利于共同开拓市场，企业想独自开拓一个新的市场并不是那么容易的。企业之间进行合作，则能增加开拓新市场的能力。

（3）降低企业经营的风险。企业合作可以分担风险。

（4）减少同行间的恶性竞争。同行之间恶性竞争的结果不用多说，而合作就可以把恶性竞争降到最低程度。

3.与政府及公众建立良好关系

企业不是脱离社会而存在的，它是社会的一个组成部分。企业的一切活动都会受到政府有关规定的影响，所以企业的活动要遵守法律法规，合法经营。企业与公众建立良好关系是企业关系营销的一个重要方面，正确处理与公众的关系也是实现企业经营目标的重要保证。

关系营销是对企业所面对的众多因素的整合，通过与各利益相关方建立良好的关系，为企业的发展提供稳定的环境。以上三个层面是企业施行关系营销所要处理好关系的三个大的方面，而企业的经营离不开市场，下面从六个方面具体介绍一下企业如何处理好与它们的关系：

1.客户市场

客户市场是企业实施关系营销必须重点关注的方面，要做好客户市场，重点是要维护好老客户。对新客户的开发不但要比留住老客户花费更多，而且效果也不一定好。最好的做法是满足老客户的需求，增加老客户的信任，不断密切双方的关系，这是做好客户市场的关键。

2.供应商市场

任何企业都是上下游企业中的一环，都是在资源的交换中完成发展的。与供应商形成良好的关系，能保证企业在获得资源的数量、质量和速度。同时，与供应商的良好合作关系也是企业降低成本的一个重要方面。

3.企业内部

企业内部主要是企业与员工的关系，企业的发展离不开员工。企业要想让客户满意，首先要让员工满意。只有员工满意了，他们才会有工作热情，才会更好地为客户提供服务，最终让客户也满意。

4.竞争对手

现代企业的发展表明，与竞争对手合作是完全可能的，所以很多企业都会与竞争对手结成联盟。与那些有互补性资源的竞争对手合作，能实现资源的共享和有效利用。对企业来说，与竞争对手合作，实现"双赢"才是最理想的选择。

5.经销商

一款产品销售的成功与经销商的合作密不可分。产品的销售离不开渠道，掌握了渠道就等于占领了市场。经销商掌握着渠道，所以与经销商合作，利用经销商的渠道完成产品的销售，可以使企业以最小的成本快速占领市场，提升企业在市场上的竞争力。

6.各利益相关方

企业与金融机构、新闻媒体等社会团体有着千丝万缕的联系，它们都会影响到企业的发展。所以，处理好与它们之间的关系也有利于企业的生存和发展。

关系营销的重点是与客户建立良好的关系，那么具体怎么与客户建立良好的关系呢？下面介绍几种与客户建立关系的策略，作为参考。

1.设立专门的客户关系管理部门

设立专门的客户关系管理部门，任用业务能力强的人为负责人。客户关系管理部门的员工要经过专门培训，具备专业水平，其职责就是对客户负责，保持与客户长期沟通，处理可能发生的问题，维护与客户的良好关系。

2.个人联系

通过个人联系可以增强与客户的情感交流，增进感情，强化关系。但是这种方法也有其缺点，那就是营销人员长期与客户接触会增加管理的难度。最好就是通过个人联系增加客户与企业的亲密关系，最终让客户成为企业的合作伙伴。

3.制定对老客户的营销措施

对于长期与企业合作的老客户，企业要有针对性地制定一些营销措施，例如折扣、赠送商品、奖品等。不断提高老客户的购物体验，增加企业对老客户的吸引力。

4.会员制

对那些忠诚的老客户实行会员制，为他们提供个性化的服务，不但能提高客户的忠诚度，而且能提高企业的美誉度。

5.定制营销

定制是未来营销的趋势，根据不同客户对产品的不同需求开展定制服务，不但能满足客户的需求，而且能提高客户的忠诚度。要做好定制营销，需要建立完整的客户购物档案，并加强与客户的联系，做好售后服务。

6.数据库营销

数据库营销就是针对客户建立数据库，掌握客户的信息，这种营销方式具有极强的针对性，能真正实现"一对一"营销。要做好数据库营销，企业必须要有获得客户数据的方法，并且还要有处理加工这些信息的方法，还要对信息进行及时更新。实施数据库营销，需要一定的技术手段。

可能一些人认为关系营销就是"拉关系"，其实这是对关系营销的误解。关系营销是现代营销活动的重要理念，它是以企业与所有利益相关方的关系处理作为营销活动的方式。寻求与利益相关方建立和维系一种长期的合作关系，使各方都能获得利益是关系营销的特点。

以上所有营销关系策略都是对建立良好的合作关系而言的。互联网时代的企业更需要关系营销，它能使企业、商家获得更多的消费者。

App营销：移动互联网时代的营销新宠

随着移动互联网的发展和智能手机的普及，人们逐渐习惯了使用App客户端上网的方式。App营销也应运而生，成了移动互联网时代的核心营销方式之一，已经受到了广大企业的关注和推崇。目前，国内各大电商都拥有了自己的客户端。随着移动技术的发展，App营销已经渗透到企业活动的各个环节，依靠自身的优势形成了强大的竞争力。

那么，什么是App营销呢？简单来说，App是移动客户端应用程序，企业利用其进行营销的活动就是App营销。App营销是移动营销的核心内容，是全网营销时代的一种重要方式，也是连接线上与线下的桥梁。App营销的内容和形式多样，可以通过文字、图片、视频、音频、游戏等来推广企业的产品和品牌信息。

星巴克曾推出一款App闹铃，用户设定好起床时间，闹铃响起后用户只需要按一下起床按键就会得到一颗星。用户如果在设定起床时间的闹铃响后一小时内来到任何一家星巴克的门店，就可以购买一杯打折咖啡。这款App通过起床闹铃提示和小奖励让用户和星巴克发生了联系，起到了推广产品和品牌的作用。

在2015年夏天最热的时候，有一张这样的图片在网络上火了起来：在路边的沙堆上，一个穿大裤衩的男子拿着一杯饮料，装出一副在马尔代夫享受阳光的表情，并配以文字"只要有沙滩，哪里都是马尔代夫"。其实，这张图片是途牛App制作的广告，这个广告很有创意，并且与品牌联系紧密，可以称得上一个优秀的App营销案例。

星巴克和途牛通过App的一个小设置和一张图片，收到了很好的营销效果。可以看出App营销给企业带来的流量超过了传统互联网的流量，现在App营销已经成为广大企业的一个营销方向。

App营销的优势主要有以下三点：

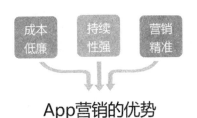

1.成本低廉

利用App营销的模式，花费比电视、报纸甚至网络都要低。企业只需要开发一个适合于自身产品和品牌的应用程序就可以了，这个应用要体现出"好玩＋有用＋互动＋分享"的功能，因为这些是用户所感兴趣的。虽然App营销也会有一些推广费用，但它的营销效果是传统营销不能比的。

2.持续性强

只要用户下载了App，只要用户不删除，这个App就会一直存在于用户的手机里。只要用户有兴趣、有时间，就会拿出来看。

3.营销精准

传统的营销方式一般来说是普遍撒网式的，对潜在客户在哪里、是什么样的人了解得并不十分清楚。而App营销利用先进的数据库系统、网络通信技术、定位技术等技术手段，突破了传统营销的局限性。通过与客户长期的个性化沟通，使营销对象达到很精准的程度。

随着用户使用App的人数增多，企业要想使自己开发的App脱颖而出，就要选择正确的App营销方法。下面介绍几种App营销的方法，供读者参考。

1.安装平台

企业可以把自己的App放到安装平台上，如果用户对你的App感兴趣就会主动下载安装，从而达到营销的目的。安装平台主要有客户端、应用商店、网络运营商等。

2.手机绑定

我们在购买手机的时候，手机里面就安装有一些企业的App。这些App就是那些企业与手机制造商合作，事先绑定在手机里的。这种方法普通企业也可以使用，但是成本可能会比较高。

3.微博推广

企业可以在微博上推广App，当用户在看微博的时候，发现感兴趣的App可能会主动下载。通过微博推广时要注意，一定要留下下载链接还有对App的介绍，以便让用户了解App的功能。

4.免费发放

免费发放是目前比较流行的一种App营销方法，就是开发商供应无广告、无注册要求和其他附加条件的应用，用户可以很方便地使用和体验App。开发商会在某一特定的时间段将这些App免费提供给网站访问者，并通过在线广告收回成本。

5.刷排名

刷排名也就是通常所说的刷榜，这是企业比较喜欢的一种App营销方式。因为很多用户是根据排名来下载App的，如果某一款App在应用商店里的排名靠前，用户下载的可能性就比较大。使用这种方法要注意，App的内容是关键，没有好的内容，即使用户下载了App也会再把它删除掉，不但浪费资金，对营销也没有什么帮助。

如今，App已经深入到了人们生活的方方面面，已经对人们的生活产生了重要影响。现在使用App营销的商家越来越多，那么如何更好地进行App营销呢？下面介绍三个技巧。

1.抓住用户的心

抓住用户的心是使用App营销的重点，这些用户可能是你的潜在消费者。只有了解他们的需求和兴趣点，并与产品和品牌结合起来，满足用户的需求，才能牢牢抓住用户的心。

2.要有创意

创意是做出成功App不可缺少的，只有好的创意才会使用户感兴趣，用户才会接受这款App。企业在开发App时，要把大部分精力用在围绕产品想出好的创意上来。

3.找到适合自己的推广方式

App的推广方式有多种，只有适合自己的才是最好的。切不可为了省钱而胡乱推广，那样不但起不到应有的效果，而且会影响品牌的美誉度。企业要根据自己产品的定位选择合适的推广方式，这样才能达到宣传产品和品牌的目的。

在移动互联网时代，App营销已经成为移动营销的核心。App营销的目的就是让用户了解企业的产品和品牌，建立起用户与品牌的情感联系。所以企业在做App营销时，要把企业的品牌元素与用户的内在需求结合起来，这是做App营销的关键。

二维码营销：网络营销界的黑马

随着移动互联网的发展，新的营销模式不断涌现，如微信、App等。现在在网络营销界又有一匹黑马杀了出来，那就是二维码营销。二维码营销在2016年火了起来，像二维码支付、扫码骑车、扫码取款等，新型的二维码应用和营销已经深入了我们的生活。

2016年，共享单车成为热点，大量的投资使共享单车迅速火了起来。用户只要扫一扫二维码就可以骑车。共享单车不但费用低廉，而且随停随取，使用相当方便，解决了人们短途出行的问题。现在市场有摩拜、ofo等十几家共享单车服务商，吸引了20家风投的几十亿元风险投资。

二维码是现在比较火的移动互联网营销手段，不但成本低，而且应用广泛、简单方便，是企业开展移动互联网营销的重要手段。

在了解什么是二维码营销之前，我们先了解一下什么是二维码。二维码就是用黑白相间的几何图形记录数据信息，并按照一定的规律排列起来。二维码营销就是企业把产品或品牌等信息记录在二维码中，然后通过用户扫码进行营销的活动。

由于二维码方便易用，在营销市场上有广阔的应用前景。二维码的业务主要分为两种：主读业务和被读业务。主读业务包括：防伪、电子名片、溯源和广告媒体。被读业务包括：二维码支付、团购、积分兑换和在线投票。

随着移动网络和智能手机的普及，二维码的应用范围越来越广。那么，如何利用二维码进行营销呢？下面介绍几种方法。

1.要想利用二维码进行营销，首先二维码要能吸引用户

使二维码吸引用户主要有以下几种方法：

一是使用带有图形的二维码。在二维码中加入图片，不仅可以使二维码看起来时尚，而且也是对二维码信息的完善。二是使用创意二维码。以往二维码都是黑白色的，你可以做成彩色的，还可以与一些图案结合，生成个性化的二维码。三是把品牌植入二维码。把一些品牌元素植入二维码，生成生活场景的画面，用来吸引用户的眼球。四是给用户创造惊喜。就是通过微博、微信给用户送祝福，甚至通过二维码给用户发红包。五是明确介绍二维码的内容。在进行二维码营销时，在二维码的旁边用文字加以说明，用户就会根据自己的需求进行扫描。

2.用二维码营销的目的就是黏住用户，让用户持续地消费产品

如何黏住用户呢？

首先，不仅要给用户提供企业的信息，而且要给用户提供需要的信息，吸引用户持续关注；其次，利用二维码的网站链接功能，方便用户进入网页，能更详细地了解信息；最后，通过一些优惠活动调动用户消费的积极性，例如，通过让用户参与抽奖，增加与用户的互动性，强化用户的消费欲望。

3.利用二维码增加用户

当企业成功吸引到用户之后，就要趁势用二维码吸引更多的用户。如何成功增加用户呢？一是，用二维码链接网址，让用户能更多地了解产品

信息；二是，二维码要清晰，方便用户扫描；三是，让二维码以新奇的方式展现在用户面前，吸引用户扫描。

二维码营销是企业开展营销活动的一种模式，与其他营销活动的特征一样，企业在进行二维码营销时，首先要为营销活动制定目标。要根据企业的目的，选择合适的营销渠道。二维码的营销渠道有哪些呢？

二维码的营销渠道

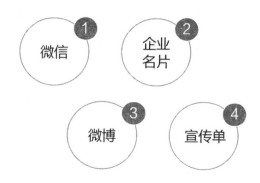

1.微信

微信不仅是社交媒体，而且包含众多的功能，扫描功能就是其中之一。微信二维码已经成为二维码营销的一个重要渠道，很多企业就通过制作微信二维码对企业的产品和品牌进行宣传推广。

2.企业名片

企业名片代表的是一个企业的形象，在企业名片上印上二维码，可以给用户传递更多的企业信息。现在很多企业都会制作二维码名片，希望以最低的成本达到最大的宣传效果。

3.微博

微博现在依然是企业营销活动中非常重要的营销方式，很多热点话题基本上都是通过微博炒作起来的，很多企业都利用微博上的名人效应给企业产品做广告。

4.宣传单

派发宣传单是一种传统的宣传方式，现在很多企业把派发宣传单与二维码结合起来，扩大用户范围。由于宣传单的印刷成本不高，把二维码印刷在宣传单上能起到极大的宣传作用。

随着移动网络和智能手机的发展，二维码营销成了企业营销的又一潮流。二维码凭借其小巧方便、信息量大等特点，在各领域中都得到了广泛的应用。在全网营销时代，二维码也是连接线上线下的关键入口之一。